"UKC联盟"下
高校学前教育专业学生的能力培养路径

◎罗英 史涛丽 著

湘潭大学出版社
XIANGTAN UNIVERSITY PRESS

重庆市教育委员会人文社会科学研究项目："UKC联盟"下高校学前教育专业社区教育服务发展路径研究（项目编号：19SKGH220）

前言

随着社会的不断发展和变化，学前教育作为教育领域的一个重要组成部分，受到了越来越多的关注。为了更好地满足社会对学前教育人才的需求，高校逐渐意识到需要创新培养模式，提高学生的综合素质和实践能力。高等教育不再仅是为了传递知识，更应该关注学生的能力培养，使其能够适应日益复杂和多变的社会环境。学前教育专业作为培养未来幼儿园教育工作者的关键领域，更需要紧密结合实际需求，通过创新性的模式和实践路径，培养出富有综合素养的专业人才。

本书围绕“UKC联盟”，即“Alliance of University-Kindergarten-Community”这一高校、幼儿园、社区三方联盟，深入研究高校学前教育专业学生的能力培养路径，探索如何在联盟中实现协同育人、融合发展。首先，明确“UKC联盟”在高校学前教育专业学生能力培养中的理论基础，对学前教育领域的发展现状和趋势进行详尽分析；其次，深入挖掘高校学前教育专业学生能力培养的理论依据，明确学生能力的构成要素，并从理论层面探讨培养这些能力的重要意义；最后，将理论研究与实践路径相结合，通过对高校学前教育专业学生的能力培养模式构建、多元路径和应用实践的深入研究。

本书的实践性较强，为高校学前教育专业学生提供一套可行的实践路径，不仅包括在高校内部的教学、课程设置，还将目光投向与幼儿园和社区的深度合作，使学生能够在真实环境中获得更为全面的培养，并激发更多关于学前教育专业学生能力培养的深入思考和交流。

本书所提出的“UKC联盟”下高校学前教育专业学生的能力培养路径仅代表笔者对这一问题的理解和思考，笔者在学术界与实际工作者之间搭建桥梁，接受不同观点的交流和启发。由于笔者自身视野的局限性，恳请广大读者对本书中的不足之处进行批评指正，从而使本书更加完善，共同推动学前教育专业的发展。

目　录

绪 论

一、"UKC联盟"的概念与特点解读

（一）"UKC联盟"的概念

"UKC联盟"是指"Alliance of University-Kindergarten-Community"联盟，是指高校与幼儿园、社区建立联盟协同培养高校学前教育专业人才。高校学前教育专业可以为社区提供各类专业指导、教育培训等专业优势资源，为幼儿园提供通过社区教育服务得到历练的优质人才，幼儿园为高校学前教育专业社区教育服务提供优质师资指导，社区为高校学前教育专业师生提供实训和锻炼的平台。在"UKC联盟"三方协同育人、融合发展的背景下，研究高校学前教育专业社区教育服务的发展路径，旨在为高校学前教育专业的管理者和研究者提供实际操作和理论依据，以培养出更多具备实际应用能力的专业人才。

"UKC联盟"协同培养模式的实施需要进行系统的评估，以不断提升培养质量。评估的内容可以包括：①学生综合素养，评估学生在知识、技能、情感、态度等方面的综合素养，反映联盟协同培养的整体效果；②实践能力，通过实习和项目实践等环节，评估学生在实际操作中的表现，检验其实践能力的提升情况；③社会反馈，收集社会对培养出的学前教育专业人才的反馈，了解其在实际工作中的表现和受欢迎程度；④联盟协同效果，评估高校、幼儿园和社区之间协同合作的效果，检验联盟机制的运行是否顺畅。在评估的基础上，及时调整和优化培养模式，不断提升学前教育专业人才的培养质量。同时，建立起反馈机制，使得相关利益相关者能够及时了解评估结果，为培养模式的不断改进提供参考。

（二）"UKC联盟"的特点

随着社会的发展和人们对优质学前教育需求的不断提高，高校、幼儿园和社区的联盟协同成为一种有效的培养学前教育专业人才的新模式。高校、幼儿园和社区的联盟协同是一种全方位、多层次的合作机制，其建立涉及多方利益相关者的共同努力。首先，高校需要与幼儿园、社区建立起紧密的合作关系，明确各方的职责和任务；其次，建立起有效的信息共享和协同管理机制，确保各方在学前教育专业

人才培养中能够有序合作;最后,建立起长效的合作机制,促进联盟的可持续发展。

在机制建立的过程中,高校可借助先进的信息技术,构建起一套高效的数据管理系统,实现各方资源的共享和协同。同时,通过定期的联席会议、工作室等形式,促使高校、幼儿园和社区之间的沟通畅通,形成协同育人的良好氛围。

高校、幼儿园和社区可以通过共同研究、实践教学和实习等方式,为学前教育专业人才提供更加全面和实践性的培养。具体而言,可以通过以下几种方式实现创新:①项目化学习,设计并实施与幼儿园、社区实际需求紧密结合的项目,让学生在解决实际问题的过程中培养实际操作能力;②导师制度:建立由高校专业教师、幼儿园教育专业人士和社区实践导师组成的导师队伍,为学生提供全方位、个性化的指导和辅导;③实践基地共建,高校、幼儿园和社区可以共同打造实践基地,为学生提供更多的实际操作机会,促进理论与实践的有机结合;④跨界合作,鼓励不同领域的专业人才参与学前教育专业人才的培养,促进跨学科的合作和交流。通过以上模式的创新,联盟协同培养不仅能够满足学前教育专业人才全面发展的需求,还能更好地适应幼儿园和社区的实际需求,提高学前教育专业人才的实际应用能力。

总而言之,高校、幼儿园和社区联盟协同培养学前教育专业人才是一种有前景的培养模式,其特点在于机制建立、培养模式创新、实践效果评估和面临挑战的应对策略等方面。通过该模式,可以更好地满足社会对学前教育专业人才的需求,促进学前教育的全面发展。需要注意的是,"UKC联盟"协同培养模式仍然处于不断探索和完善的阶段,需要各方共同努力。未来,可以进一步加强高校、幼儿园和社区之间的深度合作,拓展联盟的广度和深度,推动学前教育专业人才培养模式的不断创新和提升。同时,必须时刻关注社会变革和教育发展的最新动态,不断对培养方案进行优化和调整,以更好地适应不断变化的市场需求和各种挑战。通过共同努力,高校、幼儿园和社区联盟协同培养将为学前教育专业人才的培养提供更加有力的支持,为学前教育事业的繁荣做出更大的贡献。

二、学前教育的发展现状及趋势

(一)学前教育的发展现状

1.学前教育的发展内涵

(1)学前教育含义与目的。学前教育有广义和狭义之分。广义的学前教育是指有目的、有计划地影响和促进学前儿童全面发展的活动。这些活动可以在各种形式和场合中进行,包括但不限于托儿所教育、幼儿园教育、家庭教育和社区教育等。从儿童发展的角度来看,全面发展包括身体成长、认知、情感、意志、性格和行为等方面的进步。而从教育的角度来看,全面发展则涵盖德、智、体、美、劳等方面。总之,广义的学前教育涵盖了影响学前儿童发展的各种活动和环境。通过与儿童进行互动和提供适当的刺激,学前教育旨在促进儿童的全面发展,并为他们未来的学习和成长奠定坚实的基础。在狭义的层面上,学前教育主要指机构教育,特别是在学前教育专门机构中,如托儿所和幼儿园,进行的具有明确目的性和计划性的教育活动。在这些机构中,教师通常是经过专门训练并符合任职资格标准的专业人员。

学前教育的目的是让孩童形成正确的道德观,学习对和错,形成初步判断对与错的能力;对外部世界和所处环境进行初步认知和探索(学习探索、试验和观察);学会简单与社会交往(学习聆听、分享和合作);形成健康情绪,让他们经常进行正面的情绪体验(建立自信,学习与同伴和家人沟通);获得健康的体魄(通过活动锻炼身体)。

(2)教育的本质。教育有广义和狭义之分。广义的教育,泛指所有能增长人的知识和技能、影响人的思想品德、提高人的认识能力、增强人的体质、完善人的个性的一切活动,这里的教育包括了家庭教育、社会教育和学校教育;狭义的教育,即学校教育,是教育者根据社会发展的需要,在特定场所,有目的、有计划、有组织地对学习者的身心施加影响,使他们的身心朝着社会期望的方向发展的过程。学校教育由专业的教师承担,教育的目的性、计划性、组织性、系统性很强,是一种可控性很强的、规范的教育形式。因此,与家庭教育相比,一般而言,学校教育的环境和效果更好一些。

从本质上讲,教育是一种有目的地培养人的社会活动。它旨在通过一系列的育人活动,促进个体实现个性化和社会化的发展,从而将自然人塑造为社会人。教育并非孤立存在,而是深深扎根于社会生活的土壤之中。首先,教育是一种社会现象。它是人类社会生活的产物,源于社会生活的需要。教育承担着传承人类文明的重任,通过在代际之间传递知识、文化和价值观,确保社会的连续性和稳定性。随着社会的演进和发展,教育也随之演变,成为与人类社会共始终的重要活动。其次,教育也是一种特殊的社会现象。虽然有些动物在抚育后代方面表现出一定的行为,如大鸭教小鸭游泳觅食等,但这些行为本质上是一种本能活动,是由遗传基因决定的简单行为模式。与动物的本能行为不同,教育是人类特有的、有意识的培养活动。它借助语言文字这一物质外壳,传递知识、技能和价值观,使得人类的文明得以延续和发展。由于教育所涉及的是意识和思想层面,因此不会因为个体的死亡而消失。

此外,教育的目的在于培养人,使个体实现全面发展。教育的对象是人,强调人的主体性、能动性、自觉性和社会性等特点。教育的过程注重"育",即通过教育者对受教育者施加系统的影响,以促进其全面发展。教育的结果则表现为个体在知识、技能和价值观等方面的积极变化。因此,教育是人类社会特有的培养人的活动,旨在塑造具有全面素质的社会成员。

(3)教育的要素。教育活动是多种多样的,但都共同存在着构成教育活动必不可少的最基本的要素,即教育者、教育中介系统和学习者。

第一,教育者。教育者是影响求学者素质发展的重要人群,包括学校教师、管理人员、兼职教师、家庭教师和家长等多个方面。在教育过程中,教育者是有目的的活动主体,通过引导和促进学习者身心发展,使其产生符合社会要求的变化。教育者的专业素养、人际交往能力以及对教育目标的理解直接影响着教育的质量。他们在培养学生的过程中,既要关注学科知识的传授,又要注重培养学生的思维能力、创新意识和团队协作能力,以全面提高学习者的综合素质。

第二,教育中介系统。教育中介系统是连接教育者与学习者的纽带,包括教育内容和方式。教育内容是经过挑选和加工的具有教育价值的人类科学文化成果,体现在课程、教科书、环境等方面。教育者的知识、经验、言谈举止等对受教育者的发展产生重要影响,构成了教育中介系统。这个系统旨在为学生提供有针对性、系统化的学科知识,同时培养他们的综合素养。教育者通过创造丰富多样的教育环境,采用合理的教育方式,激发受教育者的学习兴趣,引导其主动探究,促使知识更好地被吸收和运用。

第三,学习者。学习者是广义教育中所有处于学习状态的人,狭义上特指教师所教导的对象,即学生。终身教育和全民教育的推动扩大了学习者的范围,涵盖了从胎教到终身学习的所有个体。学习者作为教育的对象,不仅需要接受知识的灌输,更应培养独立思考和创新能力。他们同时受到智力和非智力因素的双重制约,既包括学科知识的学习,也包括社会交往、情感管理等方面的发展。受教育者在教育过程中要积极主动地参与,不仅仅是被动接受信息,更要通过批判性思维和实践能力的培养,成为能够主动应对未来挑战的综合人才。

教育的三个基本要素相互交融,其中教育者扮演主导者的角色,负责组织和领导教育活动。教育者根据教育目标精选内容、设计活动方式,塑造适宜的教育环境,并全程调控整个教育过程,致力于促进学习者身心的全面发展,最终实现预期目标。这三个基本要素之间存在紧密的关联,构成了一个相互依存的系统。教育的基本组成部分是对教育活动过程结构的抽象分析和概括,而这些要素及其关系在历史和现实的选择中不断演变,为教育提供了动态的发展框架。

(4)学前教育的对象。人的一生可分为婴儿期、幼儿期、儿童期、少年期、青年期、成年期和老年期等。不同年龄阶段的人有着不同的年龄特征和需要。教育要针对不同年龄阶段的特征和发展需求分阶段进行,可分为学前教育、普通教育(小学、中学)、高等教育和成人教育等阶段。每个教育阶段的具体任务、内容和方法各不相同,具有各自的特点和规律。而学前教育是指有目的、有计划地影响和促进0~6岁学前儿童全面发展的活动,其对象是0~6岁学前儿童,因此学前教育包含0~3岁婴幼儿教育和3~6岁幼儿教育。

(5)学前教育的形式。向0~6岁婴幼儿实施的教育有两种主要形式:一种是由父母或其他养护者在家庭中进行,称为学前家庭教育;另一种是在家庭以外由社会组织进行,称为学前社会教育。学前家庭教育与学前社会教育是学前教育的主要社会实践形式。

第一,学前家庭教育。学前家庭教育是一种伴随人类社会的发展而发展、历史悠久的学前教育形式。学前家庭教育是以家庭为单位,由家长通过一定的养育方式,利用亲子关系和日常生活环节,对儿童进行的教育活动。如父母教孩子吃喝拉撒,幼儿在家看图书、帮父母做家务劳动等,都是家庭教育。

家庭是人一生中最早接触而生活的时间又最长的场所,是幼儿出生以后第一个重要的生活与学习的环境。在历史上,家庭教育曾经是幼儿教育的主要实施形式。另外,儿童年龄越小,家庭教育对他们身心发展的影响越大。学前家庭教育一般具有早期性、单独性、感染性、随意性、随机性、长久性、及时性等特点。

第二,学前社会教育。学前社会教育包含学前社会机构教育和学前社区教育。为学龄前儿童开设的集体保育教育机构及其设施,称为学前社会机构教育,包含0~3岁阶段的婴儿教育(托儿所教育)、3~6岁的幼儿园教育。其中,幼儿园教育是学前社会教育的主要组成部分。幼儿园教育是由幼儿园承担的,由专职幼儿教育工作者根据社会的要求和幼儿身心发展特点,对在园幼儿实施的有目的、有计划、有组织的,以促进其身心全面发展的社会教育。幼儿园教育在我国是归属于学校教育系统的和学校教育相同,幼儿园教育具有家庭、社会所不及的优点,如群体性、目标性、计划性、专业性和系统性、多样性等特点。学前社区教育是与学前家庭教育、学前机构教育并存的教育形式,主要是由社区组织、在社区中加以实施的,是指家庭和专门机构教育以外的非正式的教育,是家庭教育和机构教育的重要补充。社区中具有教育功能的文化、娱乐机构，如儿童歌剧院、儿童游乐园、儿童科技馆、儿童图书馆、儿童玩具城等非专门教育机构是学前社区教育的主要场所和组织力量。

(6)学前教育的任务。根据统一的教育目的，结合学前儿童身心发展水平而提出的具体目标和要求，实行保育与教育相结合的原则，对幼儿实施体、智、德、美、劳诸方面全面发展的教育，促进其身心和谐发展，具体任务包括：①让儿童独立地、主动地成长；②发展自我控制、自我训练及自我指导的能力，而不是只受成人的控制；③学习从自我中心的情感到能够给予、分享及接纳情感，在新的环境中感到安全和被抚爱；④学习与别人交往的技能，并获得快乐的、积极的体验；⑤发展与练习大肌肉动作与小肌肉动作；⑥使男女儿童同等地发展个性与才能；⑦初步认识自己的身体，能注意到健康、卫生和营养；⑧初步认识及支配周围环境，鼓励儿童的好奇心、思考和推理能力的发展，鼓励儿童积累和运用知识；⑨发展语言，学习新的词汇，并理解别人的语言；⑩发展对周围环境的积极情感，发展积极的自我意识和自信心。

(7)学前教育的原则。学前教育的原则主要包括以下方面：①从胎教开始的适应各年龄发展和个体发展的教育；②促进学前儿童体、智、德、美、劳的良好发展与个性的健康发展；③成人对学前儿童的照顾与教育相结合；④创设适宜的环境，发挥其教育的功能；⑤以兴趣诱发，在游戏中成长。

(8)学前教育内容选择。学前教育内容是实现教育目标的手段，是教育者根据幼儿园保教目标、幼儿身心发展特点，有目的、有计划、有组织地开展，重在影响幼儿体、智、德、美、劳全面发展的活动内容的总和。为贯彻国家教育方针，坚持保教相结合的原则，全面落实保育和教育目标。学前教育内容的组织要遵循相应的原则，尽量从贴近幼儿生活的内容着手，形成以幼儿生活为中心的由近及远的内容结构，如幼儿的家庭生活、邻里生活、社会及国家重要问题及事件，并把这些教育内容通过由易到难的原则进行安排，尽量从儿童丰富感性经验的内容开始，把不同层次，不同领域的内容有机联系，使幼儿的学习完整而全面。

幼儿园教育内容的组织一般有两种思路：①遵循知识逻辑的内容组织，关注知识的系统性和逻辑性，按照知识的难易，由简到繁地编排教学内容；②按照心理逻辑组织内容。关注的是幼儿的经验、能力、兴趣和需要，以幼儿的经验编排教育内容。在实践中，无论是哪一种组织方式，都有其优点和缺点，但对于幼儿而言，更要注重幼儿的兴趣、经验，将知识和幼儿生活联系起来组织教育内容。教师可通过一日生活的渗透式教学方式，也可以以主题活动形式，把各领域知识有机组织并实施,促进幼儿全面发展。

第一,学前教育内容选择的依据,主要包括以下方面:一是社会发展的需要。儿童的幼儿期是身体发展的关键时期。为了最大程度地满足儿童的发展需求,有必要提供适合他们生存的学习内容,同时开发和发挥他们的潜能,这一过程将为儿童未来一生的发展奠定重要的基础。随着时代的变迁,人们生活方式、行为方式、价值观念都在不断发生改变,社会对新时代的儿童也提出了不同的要求,如良好的心态和心理素质、强烈的终身学习兴趣和较强的学习能力、敏捷高效的思维和决策能力、丰富的想象力、团队合作能力、人际交往能力等,教育内容的选择一定要符合社会对儿童发展的需要,培养孩子具有现代化人才的品质。

二是幼儿身心发展特点。幼儿期是身心发展的关键期,首先,在学习方式上,幼儿主要是通过感知、依靠表象来认识事物的;其次,幼儿控制和调节自己的心理活动和行为的能力仍然不足,容易受其他事物的影响而改变自己的活动方向;最后,幼儿期已表现出某些个性特征,但这些特征还不稳定,容易受到外界的影响。因此,需要学前教育选择合适的内容,通过课程教学,对学前儿童在知识技能、兴趣爱好、行为习惯、才能方面,以及对人对己的态度方面进行正确的引导,促进幼儿整体的发展。

三是幼儿园教育目标。幼儿园应充分开展以幼儿为主体,教师为主导的教育教学,以适应未来新社会需要的科学的、优秀的、健全的人才,而教学内容的选择就是要实现这一目标。因此,幼儿园的教育内容的选择要以目标为导向。

第二,学前教育内容选择的原则,主要包括以下方面:一是趣味性原则。幼儿园教育内容应选择幼儿感兴趣的事物和问题,这就需要教师时刻关注幼儿的兴趣,从幼儿感兴趣的内容中分析、挖掘蕴含的教育价值,把它们纳入学前教育的内容之中,儿童的兴趣、需要及已有的经验是学习的动力和基础。因此,为引导幼儿有效学习,教育者必须关注儿童的兴趣和需要,只要教师留心观察,既能够看到幼儿所感兴趣、所关心的事物和问题,以此把它们变成教育内容。

二是全面性原则。幼儿园的教育内容是全面性的、启蒙性的,各领域的内容相互渗透,从不同的角度促进幼儿情感、态度、能力、知识技能等方面发展。因此,教师在教学内容的选择上,要结合幼儿的实际情况,选择涉及幼儿个人生活、家庭生活、社区生活、人类生活的有关的知识,选择应涉及幼儿社会认知、社会情感、社会行为等方面的内容,制定切实可行的工作计划并灵活执行,全面而完整地塑造幼儿。

三是时代性原则。不同时代对学前儿童教育要求不同,因而教育内容的选择也要体现时代特性。关注教育内容的时代要求,体现灵活性和丰富性,把教育内容与幼儿学习、生活,幼儿与社会互动密切结合,关注当下社会中出现的新事物、新情况、新问题,帮助幼儿了解自己的生活和时代,从全面发展的角度满足幼儿的整体发展。教育内容体现时代性的同时,也要体现传承性,把我国优秀的文化内容传递给下一代。

第三,全面发展的学前教育内容,主要包括以下方面:一是学前儿童的德育。德育即道德教育,道德是在一定的社会条件下形成与发展起来的人们共同生活的行为准则的总和,它是一种社会意识,是社会存在的反映,也是评价人们行为的标准。学前儿童的道德教育是德育的初级阶段,由于学前儿童身心发展的特点,他们的道德认知、道德情感和道德行为正处于形成和发展的过程中。在学前德育中,教师通过多次传达道德要求,促使幼儿逐渐形成良好的道德品质。

当今全球化时代的需要,要求新一代的人应有开拓创新的精神,善于独立思考、具有竞争意识、良好的人际关系、坚强的毅力等个性品质。另外,学前儿童德育也是实施其他教育的方向和动力保证,学前德育的目标、内容,都需要更新观念,以适应社会和经济的发展。学前儿童不仅处于智力发展的最佳期,也是人格品质形成的基础阶段,所以学前儿童德育更具有重要的意义。

学前儿童德育教育的内容主要包括发展儿童社会性的教育和发展儿童个性品质的教育。儿童社会性的教育包括萌发爱家乡、爱祖国、爱集体、爱劳动、爱科学的情感,发展学前儿童的交往能力,学习必要的社会行为规范;儿童个性品质的教育包括培养诚实、自信、勇敢、活泼开朗等良好的个性品质。要坚持德育教育的一致性。幼儿园、家庭、社会各方面应该形成教育的合力,对儿童提出一致的要求,共同影响幼儿的道德品质和行为习惯。

教师在实施德育的过程中,首先,要坚持相适宜的原则,热爱、尊重和严格要求儿童,并帮助他们实践这些原则。通过树立榜样、说服、说理等正面教育,帮助幼儿克服消极思想。其次,通过多种渠道开展德育教育,如把德育贯穿在日常生活和游戏之中,通过与同伴、成人的交往,形成良好的行为品质。也可开展专门的德育活动,结合幼儿的实际情况,有目的、有计划地组织活动,如讨论、谈话、参观、劳动等形式,可以是集体进行,也可以是小组和个别进行。最后,在开展德育活动时,要运用恰当的方法实施德育。如通过说服教育、范例教育、榜样强化、角色扮演、行为练习、鼓励表扬等多种方法促进幼儿形成自觉的行为习惯。

二是学前儿童的智育。智育是全面发展教育的重要组成部分,是有目的、有计划地使受教育者掌握系统的科学基础知识和基本技能,促进受教育者智力发展的教育过程。学前智育的内容主要包括:儿童认知能力的培养,如感知觉、观察力、语言能力、思维能力、想象力、动手操作等;基本的、常用的知识,包括与幼儿生活密切相关的生活常识、社会知识、语言知识、自然知识、初步知识、音乐和美术的知识等;儿童学习兴趣的激发和学习习惯的养成等。从学前儿童认知特点出发,有目的、有计划地组织活动,使儿童获得知识和技能,进而促进儿童思维能力的发展。

三是学前儿童的体育。学前儿童健康的标志是体格健康发展、体态无缺陷、各项体能达到年龄标准,对环境有一定的适应能力,精神饱满、愉快,有一定的控制力,它包括学前儿童心理健康和身体健康两大方面。学前儿童体育是遵循学前儿童身心发展规律,以促进学前儿童身体发育,增强学前儿童体质。

幼儿园开展体育活动,不仅有利于儿童生理和心理的健康发展,还关系到未来的国民素质,从小进行体育锻炼,增强学前儿童体质,培养适合未来发展所需的建设者。同时,学前教育把体育放在首位,主要是因为幼儿期的身体各个器官和系统都比较柔嫩,发育不成熟,适应环境的能力也较弱等,也为实施其他教育奠定了物质基础。因此,学前儿童进行适当的体育锻炼是非常必要的。

四是学前儿童的美育。美育,即审美教育,是通过审美实践活动,有意识地培养人的美感,陶冶人的性情,塑造人的心灵,从而促进人的全面发展。美存在于各种事物中,并通过不同的形态表现出来。学前儿童美育是指对学前儿童实施的美育教育,包括对美的感知、对美的欣赏以及对美的表达,构成了一种令人愉悦的心理状态。儿童的美感发展与他们意识的成长同步进行,并随着心理过程的逐渐完善而不断提升,通常与积极的情感体验密切相关。学前儿童的美感较为表面,主要通过动作、表情和活动方式来表达。因此,通过审美实践活动,有意识地培养学前儿童的美感,陶冶、塑造儿童性情与心灵,促进学前儿童全面发展。

如今,美育作为社会文明的标志,受到前所未有的重视,学前儿童接受审美教育,可以形成正确的审美观,培养儿童敏感的感受力、丰富的个性、高尚的审美情操,促使儿童不断追求和完善自己。也可以激发学前儿童对美的兴趣、爱好和向往,培养其初步表现美和创造美的能力,塑造完美人格。学前儿童美育的目标是培养幼儿初步的感受美和表现美的情趣和能力。对于学前儿童而言,感受美和欣赏美是审美的基础,是优先发展的能力,在此基础上才能发展表现美和创造美的能力。

教师在实施美育过程中,首先,要美化生活环境,引导儿童欣赏和体验周围环境的美好之处,如在布置幼儿园的室内和室外环境时,应注重展现童趣,使颜色和形式的搭配具备艺术性和儿童友好性，追求适用、整洁、美观以及有序的设计。其次，引导儿童感受大自然中的事物。选择社会现实生活中美的事物和人物感染儿童，充分利用多姿多彩的艺术作品，提升儿童美的感受力和表现力。再次，教师要遵循一定的儿童发展需要，引导儿童由对美无意识地直觉的反映，逐渐发展到有意识地、自发地感受美和表现美。最后，要重视游戏在培养儿童美育中的独特作用，游戏不仅是学前儿童喜欢的活动形式，同时也是表现美、创造美的特殊活动。在游戏活动中，教师要引导学前儿童反映现实生活中美的事物、美的行为、美的语言。

2. 学前教育的现状分析

学前教育是一项关乎国家未来的重要事业，其发展现状对于培养优秀的人才，促进社会全面进步具有深远的影响。当前，随着社会经济的不断发展和人们对教育的日益关注，学前教育正面临着新的机遇和挑战。

(1)政策层面。政策层面对于学前教育的关注程度在不断提升。各个地区纷纷出台相关政策，加大对学前教育的支持力度，这些政策旨在通过优化资源配置、提高教育质量、推动教育均衡发展等手段，全面推进学前教育事业。在中国，近年来政府不断加大对学前教育的政策支持，致力于构建更为完善的学前教育体系。通过政策的引导，学前教育得到了更广泛的社会认可，各方力量也纷纷参与其中，共同推动学前教育的全面发展。

(2)资源投入。学前教育资源的充足与否直接关系到教育质量和教学效果。目前，许多地区加大了对学前教育的财政支持，不断提升学前教育的资源水平。资源的投入主要体现在场地建设、教育设备、师资队伍建设等方面。一些地区还鼓励社会力量参与，推动学前教育资源的多元化发展。通过资源的有效配置，学前教育得以在更好的条件下开展，为幼儿提供更为优质的教育服务。

(3)课程体系。传统的学前教育课程注重基础知识的传递，而现代学前教育更加注重培养幼儿的综合素养。一方面，学前教育课程更加注重培养幼儿的创造力、思维能力、社交能力等方面的能力，强调全面发展；另一方面，注重融入先进的教育理念和科学的教育方法，通过情境教学、游戏化教学等手段，激发幼儿的学习兴趣和主动性。近年来，各地纷纷推动学前教育课程改革，以适应社会发展的需要，使学前教育更加符合幼儿的成长规律和个体差异。

(4)教育质量。为提高学前教育的质量，许多地区在制定政策时加强了对学前教育机构的监管和评估。建立有效的评估机制，加强对学前教育机构的督导，可以有效提高教育质量，确保教学活动的科学性和有效性。同时，培训师资队伍，提高教师的专业水平，也是提高学前教育质量的一个重要途径。通过不断优化教学管理和教育服务,学前教育的质量能够得到有效的提升,有力地推动学前教育的健康发展。

除了上述方面,学前教育还面临一系列的挑战:①资源不均衡的问题仍然存在。一些地区由于各种原因,学前教育资源仍然相对匮乏,导致教育水平不尽如人意;②家庭教育对学前教育的影响日益凸显,由于家庭背景的差异,一些幼儿在进入学前教育机构之前就存在较大的学习差距,这对于学前教育的公平性提出了新的挑战;③教育体制的创新和改革亟待深入推进,以适应社会的快速变革和发展。

为了更好地解决上述问题,可以从多个方面入手:①需要进一步加大对学前教育的政策支持,完善政策体系,确保政策的实施力度;②要加强对学前教育的投入,通过加大财政支持、引导社会资本投入等途径,优化资源配置,提高学前教育的整体质量;③要深入推进教育体制的改革,鼓励和支持创新教育理念和教学方法,使学前教育更好地适应社会的需求和变化;④要注重家庭教育和学前教育的衔接,加强对家庭教育的指导和支持,促进幼儿在学前教育中获得更为全面和均衡的发展。

总而言之,学前教育的发展现状在政策、资源投入、课程体系、教育质量等方面都呈现出积极向好的趋势。然而,仍然面临一系列的挑战,需要各方共同努力,通过政策引导、资源支持、课程创新、师资培训等多方面的措施,不断完善学前教育体系,提升教育质量,为幼儿提供更为优质的教育服务,为国家未来培养更多优秀的人才奠定坚实基础。

(二)学前教育的发展趋势

20世纪80年代以来,由于各国的普遍重视与投入,学前教育在世界范围内获得长足的发展。各国适龄儿童入园率都有不同程度的增长,各国学前教育的质量也有大幅度的提高。现代学前教育开始走向成熟和繁荣。在这一现代学前教育迅速发展、分化的时期里,也相继涌现出许多新的发展趋势和发展导向。20世纪90年代以来,由于现代学前教育理论的多元化,研究工作的科学化、研究手段的现代化以及学前教育实践的系统化等原因,学前教育的发展开始逐渐走上正轨,其态势也逐渐明朗和显见。

1.学前教育的观念发展

观念是实践的先导,而实践则是检验观念的唯一标准,观念与实践之间有对立也有统一,二者相互依存、相互促进、共同发展。现代学前教育观念及其实践的关系也不例外。现代学前教育思想与现代学前教育实践之间的不同发展状态,反映了现代学前教育本身的不同发展与成熟状态。例如，在20世纪六七十年代，现代学前教育发展的初期，学前教育实践远远跟不上时代和社会的需要，与先行的观念之间存在较大的距离。而目前，学前教育观念正好构成现代学前教育实践的“最近发展区”，二者间距离适中，从而构成良好的动态发展关系。概括而言，现代学前教育里具有普遍影响的观念发展包括以下三个方面。

(1)胎教的兴起与发展。胎教指通过对孕妇实施外界影响，或通过孕妇自我调节达到作用于体内胎儿，使其能良好地生长、发育的教育过程。胎教的兴起与胎儿心理研究的重大进展是分不开的。严格而言，胎教在我国是一项古老而久远的学前教育实践活动，而并不是现代才产生的所谓“新观念”。查阅古籍中最早有关胎教的记载，可以确认中国提出胎教要比希腊学者、著名哲学家亚里士多德提出的胎教观点早一千多年。我国是世界上最早提出并实施胎教的国家。据汉代刘向《列女传》记载，周文王之母太妊在妊娠期间，“太妊之性，端一诚庄，惟德能行。及其妊娠，目不视恶色，耳不听淫声，口不出敖言，能以胎教。”这是关于胎教最早的文字记载。中国现代胎教思想与我国已有的传统胎教思想有所不同，它是一种建立在实证性研究基础上的新型的具有严密科学性的思想，而我国古代胎教学说主要是建立在实际经验和观察研究的基础上的，科学性和可信性并不太高。

(2)儿童发展本身作为教育的目标。世界各国的学前教育工作者们从儿童个体发展的规律出发，提出了以儿童发展为核心的教育目标。学前教育的目标将有以下特点：①强调儿童的整体发展而并非某一方面的发展；②关注未来，强化培养人际交往能力、创造力以及个性方面的互助、合作、分享、宽容等品质；③重视个体和群体的双重发展目标。儿童的发展，不论是个体还是群体，将作为学前教育的核心目标。

(3)学前教育过程的科学认识。学前教育过程主要包括教师的“教”和儿童的“学”以及二者之间的相互作用(即相互关系)。当前，人们对学前教育过程的新认识主要包括以下方面。

第一，对儿童学习活动的新认识。传统的儿童学习观认为，幼儿的学习活动仅在于教师组织的集体教育(如上课等)过程中，其他场合(如家庭、游乐场所等)的学习活动“都不算是学习”。幼儿的学习活动主要有三种类型：①以幼儿接受灌输为主的“接受学习”，主要发生在幼儿园教学过程中；②游戏中的学习活动，它当然发生在幼儿的游戏活动中；③以幼儿主动发现知识为主的“发现学习”，它主要是发生在幼儿各种自发的观察探索活动中。

第二,对师幼关系的新认识。过去对于学前教育过程中的师幼关系认知包括三方面:①传统的以教师为绝对主导的师幼关系理论。我国学前教育中教师起主导作用的提法和做法就是这一传统观念的典型代表。②以儿童为中心的师幼关系理论,它起源于杜威的“儿童中心主义”观点,并且在西方教育学中的学习理论指导下,更加着重于儿童的成熟和自发性学习,主张教师在教育过程中只起一种观察者、环境提供者、儿童思维和活动的理解与评估者的作用。③现在正盛行的“教师主导,儿童主体”的双主体模式,这一观点看起来更像是一个妥协的结果。相对于以教师为绝对主导的单主体模式而言,这一模式在对师幼关系的认识上是一个进步,它至少已开始承认儿童在学前教育过程中的主体地位了。但是,这一理论仍然存在问题。因为它静态、机械或者说形而上地理解了学前教育过程中师幼之间复杂的动态关系。

事实上,在幼儿不同类型的学习活动中,教师所起的作用是截然不同的,不能一概而论。例如,在幼儿的接受学习过程中,教师确实主导整个教学活动,幼儿也确实是学习活动的主体。而在幼儿的自发学习活动过程中,幼儿既是学习的发起者、组织者,又是学习的指挥者和承受者,因而幼儿本身就是学习的主体和学习的主导,三者自然地统一在幼儿身上。在游戏学习过程中的情况则比较复杂,教师和幼儿之间是一种动态的相互作用的过程,表现为幼儿和教师之间相互作用的持平,即二者均为主导。但这只是一种动态的均衡,实际表现为总是在两个“主导”之间不停地摆动过程:游戏的发起过程是由教师主导的;游戏进行过程中则是以幼儿为主导的等。因此,现代学前教育从“主体间性”即“互主体性”的视角对师幼关系本质进行重新审视。主体间性是指主体与主体之间的相互性与统一性,是两个或多个个人主体的内在相关性。它以个人主体为基础,是主体与主体在交往活动中表现出来的以交互主体为中心的和谐一致性,强调的是各主体之间的相互理解与沟通,以实现认同、达成共识为目的。师幼关系的本质是主体间性,是教师和幼儿之间在认识、经验、价值、意义、语言、交往、实践等方面的理解性、共同性、交互性和一致性。

2.学前教育的趋势探索

(1)学前教育理论的多样化趋势。随着学前教育界国际交往和自身科研水平的发展,我国学前教育逐渐繁荣并完善了自身基本理论体系,并显现出多样化的发展趋势。在这一多样化的发展过程中,蒙台梭利和皮亚杰的教育理论以及现代开放教育思想开始成为人们普遍关注的焦点,并成为目前学前教育界的主导理论和国际交流的热点。

第一,蒙台梭利教育。蒙台梭利是意大利幼儿教育家,毕生从事儿童教育事业,对幼儿教育进行了长期的实验研究,并采用实验的方法建立起了新的、合乎科学的教育学,为幼儿教育改革做出了卓越的、有深远历史影响的贡献,影响了一代又一代的教育工作者和思想家。蒙台梭利认为要教育儿童,先要了解儿童。她认为控制儿童行为的是本能的冲动,儿童在来自先天的自发的冲动性的作用下,具有一种很强的、天赋的内在潜伏能力和继续发展的积极力量。儿童的心理有这样一些特点,即具有独特的"心理(或精神)胚胎期",具有吸收力的心理,存在发展的敏感期和不同的发展变化阶段。

第二,皮亚杰认知理论。皮亚杰是20世纪最伟大的心理学家之一,他的认知发展理论开创了儿童心理学的新纪元。由于历史局限等原因,皮亚杰本人曾经忽视教育与学习在儿童发展中的作用。但是他的认知发展理论却在国际教育界受到广泛重视,并且对教育、教学的理论和实践产生了较为深远的影响,其中主要积极的影响包括:①强调活动的重要性;②强调兴趣和需要的重要性;③强调儿童发展的连续性与阶段性的重要作用;④强调智力是一种积极、主动的建构过程。

(2)学前教育的科学化与系统化趋势。进入20世纪90年代以来,我国幼教理论工作者开始和幼教实际工作者进行广泛的合作与研究,对具体的幼儿教育方法和手段进行临床的实证研究,并促使我们的学前教育方法和手段向科学化和系统化方向发展。例如,对角色承担训练的研究,对移情训练的研究,对"社会认知冲突训练"的研究,对三种教育方式的研究和对去自我中心化训练的研究等,这些实验研究的结果为幼儿教师有效地运用各种具体的教育方法和手段提供了切实可靠的理论依据和翔实而切实可行的具体建议,使幼儿教育方法本身得以完善和发展,并最终得到推广和普及。

三、学前教育专业及其发展理念

(一)学前教育专业的认知

学前教育专业是一门致力于研究幼儿教育理论、方法及实践的学科,涵盖了幼儿心理学、幼儿发展学、幼儿保健学、教育学等多个领域,这一专业旨在培养从事幼儿园、托儿所等教育机构工作的专业人才,使其具备深厚的学科知识和实践技能,能够科学有效地开展幼儿教育工作。

第一,学前教育专业的核心内容是幼儿心理学,该领域研究幼儿的认知、情感、社会行为等方面的心理发展规律,以及影响幼儿心理发展的各种因素。通过对幼儿心理过程的深入探讨,专业人才能更好地理解幼儿的行为,为制定有针对性的教育方案提供理论依据。此外，幼儿心理学还关注幼儿的学习方式和兴趣特点，以便更好地激发其学习兴趣，促进其全面发展。

第二，学前教育专业包括幼儿保健学的内容。幼儿保健学关注幼儿的身体健康和生活习惯，旨在通过科学的保健知识，帮助幼儿养成良好的生活习惯，提高其身体素质。专业人才需要具备对常见儿童疾病的识别和预防能力，以确保幼儿在教育环境中能够安全健康地成长。此外，幼儿保健学还涉及与家庭、社区等多方面的合作，以形成一个全面的保健支持系统，为幼儿提供更好的成长环境。

第三，在学前教育专业中，幼儿发展学主要关注幼儿在不同阶段的生理、心理和社会发展。通过对幼儿成长过程的系统研究，专业人才能够更好地了解幼儿发展的规律，为提供个性化的教育服务提供依据。幼儿发展学涉及幼儿的身体发育、认知能力、语言发展、社交行为等多个方面，为培养出适应社会需求、具备全面素养的幼儿教育专业人才提供理论基础。

第四，在学前教育专业的课程中，教育学是贯穿始终的重要组成部分。教育学研究教育的理论和实践，探讨教育的目标、内容、方法等方面的问题。学前教育专业通过教育学的学科体系，帮助专业人才建立起科学的教育观念和教育方法，使其能够更好地应对复杂多变的教育实践。教育学不仅能够提供丰富的教育理论，还注重培养专业人才的实际操作能力，使其能够灵活运用教育理论指导实际工作。

第五，学前教育专业的特征是实践性。专业人才除了需要在理论学科上取得扎实的基础外，还需要通过实习、实践等方式将所学知识应用到实际教育工作中。实践性的培养使得专业人才能够更好地适应幼儿教育的复杂多变环境，提高解决问题的能力。实践性培养还有助于专业人才培养出更加符合实际需求的专业素养，使其在幼儿教育领域具备更高的竞争力。幼儿教育涉及多个学科领域，需要专业人才具备多方面的知识和技能。

如今，随着社会的发展和教育观念的更新，学前教育专业也在不断地发展和完善。专业人才需要不断更新自己的知识体系，关注新的教育理论和实践经验，以适应不断变化的教育环境。学前教育专业的发展还需要与社会需求相结合，紧密联系实际，为幼儿教育事业的发展贡献力量。学前教育专业注重各学科之间的融合，使专业人才能够形成更为综合的素养。例如，在设计教育方案时，需要综合考虑幼儿的心理发展、生理发展、社会发展等多个方面的因素，以制定更为科学有效的教育计划。

总而言之，学前教育专业是一门综合性强、实践性强的学科，其核心内容包括幼儿心理学、幼儿发展学、幼儿保健学、教育学等多个学科领域。通过深入研究这些领域的理论和实践,学前教育专业旨在培养具备深厚学科知识和实际操作技能的专业人才,为0~3岁婴幼儿教育和3~6岁幼儿教育提供有力支持。学前教育专业的发展离不开对新知识的不断探索和对实践经验的总结,只有不断创新和进步,才能更好地适应社会的发展和幼儿教育事业的需要。

(二) 学前教育专业的发展理念

1.学前教育专业的市场需求导向

(1)学前教育专业教学的重要依据。学前教育专业的教学设置以高校人才培养目标为根本依据,这一目标被视为学前教育人才培养的总原则和总方向。高校人才培养目标的特征显著,呈现出人才层次的高级性、知识、能力的职业性、人才类型的技术性以及毕业生去向的基层性等特点,这一培养目标在高校的实施过程中,被塑造为对学生全方位素质和综合职业能力的追求。

随着社会经济的不断发展和经济规划的要求逐步升级,学前教育专业所追求的人才培养目标经历了转变。从最初对人才基本技能的能力培养,逐步演进为对学生全面素质和综合职业能力的培养。学前教育专业被赋予阳光事业的使命,其培养的专门人才应具备德、智、体、美、劳全面发展的特质,以从事幼儿教育和家庭成长教育工作为使命。

学前教育专业人才培养目标的转变是对社会需求和时代要求的响应,强调学前教育专业毕业生应具备的全面素质。不再仅注重基本技能的培养,而是更加强调人才的复合性,注重培养学生在德、智、体、美、劳等多个方面的综合能力,使其能够更好地适应幼儿教育和家庭成长教育的复杂多变环境,这一转变为学前教育专业的持续发展提供了坚实的理论基础。

(2)学前教育专业的定向性和针对性。高校学前教育专业的特性在于其显著的可变性和开放性,这主要源于其紧密关联于市场、职业、行业和产业等多个层面。关联性使得该专业更容易受到市场变化和经济结构调整的直接影响,这是因为高校在培养学前教育专业学生时,所关注的是培养高等应用型技术人才和管理人才,这些人才对于特定区域的市场和产业有着更为直接和密切的联系。因此,该专业具有较强的职业定向性和针对性。

第一,学前教育专业在培养学生时需遵循灵活性和适应社会需求的原则。当前社会中家庭越来越重视子女的教育,将子女教育置于至关重要的位置。如今,各级政府以及个人纷纷投入幼儿园的建设,形成了公办民办并举的学前教育体系，显示出学前教育市场具有广阔的前景和巨大的发展潜力。因此，学前教育专业的教学改革应当紧密贴合基础教育和经济、社会发展的需求。

第二，专业设置应以保证质量和结构最优先的原则为指导。在充分考虑人才培养周期性、适应社会发展需求的基础上，必须深入调查区域的资源优势、支柱产业及发展方向，并科学地预测人才需求，保持一定的超前性。专业设置的硬件和软件条件必须满足专业需求，以形成专业结构上的综合优势。在这个过程中，学校应致力于构建品牌专业，通过合理配置教学资源、加强师资队伍建设、添置实验设备以及建设实习基地等手段，最大程度地提高学校的投资效益，这有助于提高教学水平，使学前教育专业能够形成独特的特色，打造出属于自己的品牌。

总而言之，高校学前教育专业的可变性和开放性使其更容易适应社会的需求和市场的变化。通过灵活性和结构最优先的原则，该专业能够更好地满足家庭对子女教育的重视和社会对高质量幼教的需求，从而为培养具有应用型技术和管理能力的人才做出更为有效和有针对性的贡献。

2.学前教育专业的创新课程模式

学前教育专业人才培养计划的核心在于根据专业人才培养目标构建系统完备的课程模块和体系。为实现学前教育专业技术应用能力的有机形成，应着眼于构建涵盖学前教育应用技术、技能训练与学前教育技术理论的全面教学体系，并倡导建立以培养技术应用型能力为主线的教学运行机制。教育理念的实施需要在转变教育观念的前提下，结合市场行业需求以及学前教育高速发展的特点，构建新型的培养学前教育“技术岗位型”专业人才的教学模式及运行机制。

强调高校学前教育专业的针对性、应用性和实用性等特点是构建学前教育专业人才培养计划的关键，应在教学设计中注重加强实践环节，通过建立以学前教育技能训练为主的理论教学与实践有机结合的教学体系，将理论知识与实际操作相互融合。通过此有机结合，学生将能够更全面地理解并应用所学知识，从而提升其实际操作技能，这一教学模式的引入旨在培养学前教育专业人才，使其在实际工作中能够胜任各类学前教育岗位，为社会提供更为优质的学前教育服务。

因此，高校学前教育专业的培养目标是通过建立全面、有机的学前教育专业人才培养体系，促使学生在毕业后能够迅速适应并胜任学前教育领域的各类职务。在市场需求的引导下，通过技术应用型能力的培养，形成具有特色的学前教育专业人才队伍，为学前教育事业的不断发展注入新的活力。

(1)理论和实践并重的课程模式。课程模式在实现人才培养目标过程中扮演着至关重要的角色，其核心包括课程内容体系和课程结构体系。课程的内容体系必须与社会经济技术的发展密切结合,同时要针对不同教育对象的教学目标进行精准调整,以确保培养出符合时代需求的专业人才。更新整合课程内容与开发新课程是不可或缺的环节,需要不断反映社会需求,保持与时俱进。课程结构体系是课程组织和流程的体现,它能够反映教学的框架和进程。为了更好地实现培养目标和基本要求,学前教育专业应改变传统学科型的课程模式,根据培养目标和要求有针对性地设置课程,构建以职业能力为核心的模块式高校学前教育课程体系。具体而言,可以设计“学前教育”综合课程模块体系,全面推进素质教育,形成学科加模块、多元整合型高校教育模式。不仅强调学科知识的传授,更注重培养学生的实际操作能力和职业素养,以适应日益复杂多变的社会需求,这种创新性的课程模式为培养全面发展的高素质人才提供了有力支持,使学生能够更好地面对未来的职业挑战。

第一,多元整合策略思想是高校学前教育领域中一种具有前瞻性和创新性的教育理念,旨在推动课程观、课程内容和课程结构的多元整合,以培养学生全面发展的综合能力,这一思想涵盖多个层面,其中包括课程观的多元整合、课程内容的多元整合和课程结构的多元整合。

一是在课程观的多元整合方面,强调多元互补和博采众长的理念,这体现在建立以综合技术能力为导向的现代高职高校课程观上。通过多元互补的方式,不同学科之间的知识可以相互渗透,形成更为综合的学科观。同时,博采众长的理念使得各个学科可以相互借鉴,充分发挥各学科的优势,提升课程的整体质量。

二是在课程内容的多元整合方面,强调“知识”“技能”“态度”三要素的多重、多种综合,这意味着课程内容不仅要注重传授学科知识,还要关注培养学生实际操作的技能以及积极的态度和价值观。通过综合这三个要素,可以使学生在学习过程中全面发展,不仅具备专业知识,还能够灵活运用所学知识解决实际问题,并具备积极的职业态度。

三是在课程结构的多元整合方面,强调架构模块化、综合化、阶段化、柔性化、个性化相结合的课程结构,这种结构设计使得课程更加灵活多样,能够根据学生的个体差异和学习需求进行调整。模块化和综合化的设计使得不同模块之间能够有机衔接,形成完整的课程体系。同时,阶段化的设计有助于学生逐步深入学习,柔性化和个性化则能更好地满足学生的个性化学习需求。

第二,“学前教育应用”综合课程模式则是在社会、市场和学生需求的基础上,灵活运用多种课程开发思路和方法,广泛应用于高等职业教育众多专业的课程设置,这一模式强调实用性,要求课程设计必须经过详细的职业分析,科学选择课程内容,淡化学科知识的完整性和系统性。在删除理论性过强、过深且偏离社会实际的课程内容的同时,及时补充职业岗位所需的新知识和新技术,以适应职业领域的发展变化。“学前教育应用”课程模块的最终目的是实现高等教育的培养目标。因此,在设计和实施过程中,必须全面贯彻教育部的相关方针和政策,树立以素质教育为基础、以能力为本位的新观念,这意味着要以学生职业能力为出发点,打破旧的学科知识体系,探索将知识、能力、素质按照职业能力形成线索进行相互渗透、排列组合,最终形成体现能力本位的课程体系。

总而言之,“多元整合”策略思想为高等职业教育提供一种全新的课程发展理念。通过在课程观、课程内容和课程结构上的多元整合,可以更好地培养学生的综合能力,使其在职业领域更具竞争力。与此同时,“学前教育应用”综合课程模式的实践也为高等职业教育提供了一种切实可行的课程设计方案,以适应不断变化的社会和职业需求。

(2)培养学生综合素质的教学设计。近年来,随着高校学前教育专业教学的不断改革,教学设计越发体现以培养学生职业能力和综合素质为宗旨的高校教育观念,这一变革展现了实践教学过程与职业活动之间的内在联系,使得高等教育更加贴近职业岗位的实际需求。在追求培养学生全面素质的目标下,应通过深入社会企事业单位、学校、幼儿园等进行周密的职业调查和分析,着眼于教师、幼教工作人员等职业岗位或职业岗位群。

在职业分析方法上,采用横向集群的分析方法,实现从单一职业、单一专业的分析转向整个职业群的分析,这一方法的创新不仅拓宽了专业面,能够适应社会对复合型人才在知识、能力、素质等方面的要求,也顺应了学生将来在同一行业变换不同职业岗位的需求,这种全面的职业分析为最终形成拓宽专业基础加专业化培养方向的课程结构创造了有利的条件。

改革和创新使得“学前教育应用”综合课程模块在针对性、有效性、实用性和工作效率方面能够取得明显的提高。高校学前教育专业的学生在毕业后主要从事幼儿教育工作,就业的岗位主要集中在企事业单位幼儿园、社区教育中心等单位。用人单位对毕业生的要求包括具备事业心和责任感、实际专业基础知识、强大的幼儿教育技术能力、快速吸收专业新知识的能力、熟悉幼教方法、优秀的个人素养以及卓越的与人合作的能力,这些要求在幼儿教育管理与教学业务中发挥着骨干作用,能够凸显综合素质在学前教育专业中的至关重要性。

用人单位对毕业生的期望表现在多个方面:①事业心和责任感是他们所看重的重要品质,这反映了毕业生对幼儿教育事业的投入和对工作的认真态度;②实际的专业基础知识是成功从事幼儿教育工作的基石，毕业生需要具备坚实的理论基础以应对实际的工作挑战，强大的幼儿教育技术能力是应对各种教学情境的重要保障，包括教学方法的灵活运用和对幼儿心理发展的深刻理解；③快速吸收专业新知识的能力是适应幼儿教育领域不断更新的要求，毕业生需要具备不断学习、不断进步的态度。

熟悉幼教方法是用人单位对毕业生的基本要求，这涉及将理论知识应用于实际教学的能力。此外，个人素养的重要性不可忽视，包括但不限于良好的沟通能力、自我管理能力和团队协作精神。卓越的与人合作的能力是在幼儿教育团队中发挥骨干作用的必备条件，毕业生需要能够有效地与同事、家长以及幼儿建立良好的合作关系，共同推动幼儿的全面发展。因此，高校学前教育专业的教学设计通过深入的职业调查和分析，以及创新的职业分析方法，为培养学生的综合素质和职业能力提供了有力的支持。通过对用人单位的需求进行深入了解，教学设计更加贴近实际职业岗位的要求，使学生在毕业后能够更好地适应并胜任幼儿教育工作，这种以实际需求为导向的教学设计，将为培养更多高素质、全面发展的学前教育专业人才奠定坚实基础。

及时了解学前教育行业的基本情况是为了全面了解基础教育的行业环境，其中包括基础教育企事业单位的数量、规模和发展水平等方面的信息。对于一线学前教育管理和应用型人才的需求以及学生个体需求等方面的了解，则有助于更好地满足教育行业的实际需求。在这个过程中，我们需要关注基础教育的行业背景，以便更好地适应和引导行业发展。

在分析幼教职业岗位的实际需求与分布情况时，重要的是明确幼教职业综合能力的要素，包括专业能力、方法能力和社会能力。专业能力是指对幼儿教育学科知识的掌握，方法能力涵盖教学方法和实践经验，而社会能力则包括与学生、家长和同事有效沟通的能力。对于相关专业进行职业综合能力的分析与分解，是高职高校专业教学中最关键的一环，这项工作的特色在于需要深入挖掘幼教职业的复合性质，将各项能力有机地结合起来，形成系统而完整的培养方案。通过综合能力的培养，学生将更好地适应幼教工作中的各种挑战，为其未来的职业发展奠定坚实的基础。

总而言之，及时了解学前教育行业的基本情况并分析幼教职业岗位的实际需求与分布情况，有助于高校更好地调整专业教学方向，培养更具综合能力的应用型人才，为学生提供更贴近实际需求的教育，这也将有助于行业的可持续发展和提升学前教育的整体质量水平。

3.学前教育专业的主要培养路径

培养途径是指在人才培养过程中,为实现特定培养目标或教学目标而采取的培养形式和创造的教学环境的总和,其核心理念在于通过一系列有针对性的教育活动,培养学生具备适应生产建设管理和服务第一线需求的应用型人才。对于高校而言,特别是在幼教人才培养领域,培养途径不仅仅是实现教学目标的手段,更是一种塑造办学特色和提升教育质量的关键。

为实现培养适应生产建设管理和服务第一线的应用型人才的目标,高校学前教育专业应采用最为有效和基本的教育模式,强调实践性教学环节的重要性,以培养学生在实际工作中所需的技能和知识为主要任务。因此,加强实训室和校内、校外实习实训基地的建设成为高校的学前教育专业的办学特色,主要包括以下方面:①建立独立规范的实践教学体系。针对学前教育专业的各个实践性教学环节,如社会调查、课程实习、专业实习、生产实习、课程设计、毕业设计、毕业实习等,进行了定性的论证和划分;②制定各个环节的管理细则和评估方案,以确保实践性教学环节的科学性和有效性,有助于规范教学流程,有利于提升实践性教学的质量;③通过与特色幼儿园建立实训基地,为学生提供更为真实和贴近实际的实践环境;④与幼教基地和单位建立紧密的联系,加强与外部教育实践资源的交流与合作,这一举措有助于拓展学生的实际学习机会,提升其实际操作能力,同时也能促进学前教育专业与实际应用领域的深度融合。

(1)开展学前教育项目学习。开展学前教育项目学习是为了深化实践性学习,提升高校学生在学前教育职业岗位上的应用能力,这一学习模式以能力本位为核心,旨在满足学前教育职业实际需求和高校学生的能力要求。通过设计一系列"全真"或"仿真"的职业任务,学生在学习中能够综合运用专项职业能力,并适应职业环境的需求。在专项职业能力实践课程的学习过程中,制定并推行系列实践项目,为学生提供更为具体、实用的学习内容,这些实践项目旨在培养学生在未来实际工作中所需的技能,使其能够胜任学前教育职业岗位。在实践项目的设计中,需要关注学前教育行业的实际需求,确保学生能够紧密贴合职业岗位的工作环境。

在项目学习的过程中,教师在实施教学策略时应充分考虑具体情境,灵活运用不同的教学策略,以更好地满足学生的学习需求。其中,"学工交替""现场情境教学""模拟仿真""综合实践项目双师导学"等学前教育教学形式成为重要方法。通过学工交替,学生能够在实际工作中获得经验,提升实际操作能力。现场情境教学则通过模拟真实工作场景,让学生在实践中学习并解决问题。模拟仿真和综合实践项目，双师导学则通过模拟性质的任务，促使学生跨学科、全面发展。

总而言之，开展学前教育项目学习是高校培养学前教育专业人才的有效途径，有助于学生全面提升实际操作技能和适应职业环境的综合素养。通过不同的教学策略和形式，可更好地培养学生在学前教育领域的专业实践能力，为其未来从事学前教育工作打下坚实基础。

（2）编制《实践教学法学习指南》，指导学生开展自主学习。为了有效指导学生进行自主学习，使其在学前教育领域更好地了解职业岗位的能力要求、专业技能内容，有针对性地规划学习方案，这一学习指南的设计旨在为学生提供具体的指导，使其能够更好地适应学前教育职业岗位的需求，并在职业生涯规划中更具前瞻性。

第一，《实践教学法学习指南》明确了学前教育专业的就业去向和职业能力要求。通过详细罗列专业技能和能力要求，指导学生在自主学习中明确自身所需提升的能力，有助于学生在学习过程中有目标地选择和设计学习方案，为未来就业做好充分准备。明确专业就业方向也有助于学生在职业生涯规划中更具方向性，提前了解职业发展趋势。

第二，《实践教学法学习指南》明确了学生在实践教学法中的权利和责任，这有助于建立学生在自主学习中的自觉性和责任感。学生在明确自己的学习权利的同时，也需要承担相应的责任，使其在实践教学法中更加主动、有条理地展开学习。

第三，《实践教学法学习指南》详细规定了实践学习班的程序、方法和内容。通过明确实践学习的具体步骤和方法，学生可以更有针对性地参与教学活动；明确了学生在实践中如何提出建议、要求、提供咨询服务的途径和方法，为学生在实践中更好地参与教学活动提供了明确的指导，促使其积极参与实践，不仅提升了学生的实际操作能力，也培养了其沟通与协作技能。

第四，《实践教学法学习指南》详细说明了技能等级证书、职业资格证书的种类和获取途径，以及实践技能考核的标准和方法，为学生提供了明确的学习路径，使其在学前教育领域更好地获取实践技能，并在学业完成后更顺利地获得相应的证书，对于学生未来的职业发展起到了积极的指导作用。

总而言之，《实践教学法学习指南》的制定对于学生进行自主学习和职业生涯规划具有重要的指导作用。通过详细的指南，学生能够更全面地了解学前教育职业岗位的要求，更有效地利用学习资源，提升专业技能，为未来的就业和职业发展奠定坚实的基础。

(3)加强实训基地的建设,创设职业情境。实训基地的建设必须充分体现对实践教学改革的需求,以服务于不断变革的教学组织结构、课程学习内容和方式的转变,同时努力提升建设者的水平,确保实践教学的有效性。在实训基地建设中,需要重点关注职业性、整体性、开放性和先进性等方面的要求,以确保其在培养学生的同时保持与职业发展的紧密联系。

第一,职业性。为了达到这一目标,实训基地应致力于创造真实的职业情境,建立起模拟、仿真和全真的校内外实训基地。通过在实践中模拟职业环境,学生可以更好地理解和适应实际工作中的挑战,提高其职业素养和实际操作能力。

第二,整体性是实训基地建设的另一重要考量。实训基地的建设应当紧密围绕职业能力目标和要求,建立能够适应各种实训项目和综合实训的校内外实训基地,这有助于培养学生具备多方面、综合性的职业能力,使其更好地适应职场的多样化需求。

第三,开放性。实训基地的建设应充分考虑学生知识和技能的主动构建,为其提供自主学习、技能训练以及发明创造的条件。通过开放性的实践环境,学生可以更灵活地运用所学知识,培养创新思维和问题解决能力。

第四,先进性。实训基地的先进性涉及在项目创设、手段运用以及职业情境设计等方面体现职业的前沿水平。通过引入先进的技术和理念,实训基地能够更好地满足行业发展的要求,使学生在实践中紧跟职业领域的最新动态,增强其竞争力。

总而言之,实训基地建设应当紧密贴合实践教学改革的需要,突出职业性、整体性、开放性和先进性等方面的要求,以促使学生在实际操作中获得更全面、深入的职业技能,为其未来职业发展奠定坚实基础。

(4)加强信息化建设,利用信息技术开展实践教学。实践教学法改革的核心在于以信息技术为基础平台,通过充分运用信息技术,实现教学组织结构、教学方法与手段、课程内容结构的有机整合,从而推动学习模式的深刻变革,改革的首要任务是加强对信息技术的学习,以提升学生在信息技术应用方面的能力。通过在实践教学中巧妙地融入信息技术,能够创造出更为灵活和高效的教学环境。一方面,教师可以通过数字化手段更好地组织和管理教学资源,使得课程内容更为紧密地贴近实际应用,促进理论与实践的深度融合;另一方面,通过建设数字化的学习环境,如教师课程主页、计算机仿真软件等,学生可以更直观地感受到专业知识的实际运用,从而增强学习的实用性和趣味性。

在教学资源整合方面,教师可以构建网上教学平台,为学生提供更为便捷和多样的学习途径。通过这个平台,学生不仅可以进行在线交流,还可以参与网上辅导和答辩等各类活动,拓展学习的广度和深度。更重要的是,这样的平台能够为学生提供利用网络进行自主学习的机会,培养其主动获取知识、发展自主学习能力的意识和能力。

总而言之,实践教学法改革以信息技术为支撑,旨在通过整合教学结构、强化信息技术学习、构建数字化学习环境等手段,推动学习模式的变革,培养学生更全面、实用的能力,这一过程不仅有助于教育教学的创新与发展,也有望为学生的终身学习奠定坚实的基础。

(5)提高教师的专业素质和实践教学能力。负责实践教学的教师需要具备相应的职业经验,并拥有与所教授内容相一致的职业活动经历,这包括在相关领域拥有深厚的实践经验,以便更好地传递实际应用知识给学生,这样的教师应当能够展示与实践教学目标相符的示范性作品和成果,通过自身的经历为学生提供直观的实践参考。教师还需要具备组织设计和实施实践教学的能力,包括制定有效的教学计划,确保实践环节与理论课程相互衔接,促使学生将所学知识应用于实际场景中。与此同时,教师还应具备创造性地开展实践教学活动的能力,以激发学生的兴趣和动力,培养其实际问题的解决能力。

总而言之,负责实践教学的教师不仅需要拥有丰富的职业经验,还需要具备示范性作品展示、组织设计实践教学和创造性开展实践教学活动的能力,以确保学生能够在实际操作中更好地理解和应用所学知识,这样的教师将能够为学生提供更全面、实用的教育体验。

4.学前教育专业的素质教育要求

在推行"五个一"素质教育工程方面,高校学前教育专业应致力于强调学生综合素质的培养,其中"五个一"即"一口好外语、一手好字及绘画、一篇好文章、一堂好课和一副强壮的体魄"成为关键指标,该工程的实施目标在于全面提升学生的综合素养,通过多样化的教育手段实现全方位的个体发展。在实践中,高校应通过课堂教学、专家讲座、校园网、校园广播、图片板报等多种形式,以及学生参与的文体活动、演讲辩论、社团组织和社会实践等丰富多彩的活动,积极推进"五个一"素质教育工程的深入实施。

(1)在外语教育方面,高校学前教育专业应着眼于外语专业化,将外语水平作为检测学生基本素质的重要标准。通过实施"专业外语"策略,学校旨在使学生掌握一门外语,并强调对所学语言背后文化底蕴的了解,这一策略有助于为学生的"双语"教学奠定坚实基础。在这一背景下,学校注重培养学生在特定领域的外语应用能力,同时强调培养学生对外语文化的敏感性和理解力。通过设立专业外语课程,学校鼓励学生积累更深厚的语言知识,并通过实践活动促进对文化差异的理解,进一步提高学生的综合素质。

(2)强化学生技能培养,使每个学生都有一技之长。首先,高校学前教育专业应将学生的学习效果紧密结合成才就业,从而加强学生学习的方向性和主动性,这意味着应注重培养学生的实用技能,使其能够更好地适应未来职业市场的需求;其次,着力培养一专多能型人才,以缩短学校与社会之间的距离,这一策略的核心在于引导学生在主修专业的同时,积极涉猎其他领域,获得多个领域的证书和资质,通过实行多证书制度,致力于培养更全面、多才多艺的人才,使其更具竞争力,更容易融入不同领域的工作环境;最后,通过各种方式为学生搭建舞台,为其特长发展和素质锻炼提供更多机会,包括组织各类活动、比赛、见习、驻园研习、毕业实习等,为学生提供展示和实践的机会,让他们能够更好地发挥自己的特长,培养领导力和团队协作精神,这一举措旨在培养学生全面发展的意识,使他们在多样化的社会环境中更为自信和成功。

通过以上措施,高校学前教育专业应构建一个全面培养学生技能的体系,确保每个学生都能够在毕业后展现出色的专业能力,并更好地适应职业生涯的挑战,这不仅有助于提升学生的就业竞争力,同时也为社会培养更具实际应用能力的人才。

(3)提高就业竞争力,构建职业能力评价体系。在职业教育的背景下,职业能力评价作为衡量学生学习成果的重要手段,旨在准确反映个体知识和能力构建的成果,这种评价体系的核心在于确保学生毕业时能够获得一份由学校颁发的能力证书,该证书成为就业单位考查学生能力水平的有效证明,从而提升学生在就业市场上的竞争力。评价目标的设定关键在于明确学生应该具备的能力,以便为他们未来的职业发展提供有力的支持。

第一,评价目标的重要性。评价目标的明确性至关重要,因为它直接指导着教育体系的整体设计。个体知识和能力的学习结果应当精准地体现学生的实际水平,使得学校能够为每一位毕业生提供个性化的能力证书,这种证书不仅是学校对学生学业成就的认可,更是学生踏入职场时的敲门砖,为他们走向职业生涯奠定坚实基础。因此,评价目标的制定需要综合考虑当前职业市场的需求和未来职业发展的趋势,以保证学生获得的能力证书具备持续的竞争力。

第二,评价标准的参照性。为确保评价的公正性和客观性,开设的校本《职业能力评价标准》采用标准参照评价,这一方法强调将学生的学习成果与既定的能力标准相参照,而不与其他学习者的成绩相比较。通过这种方式,评价结果更加客观和公正,避免主观评价和成绩竞争带来的不公平。评价人员的任务是基于事实和证据,判断学生是否达到了规定的能力水平,而不是简单地给定一个百分等级分数,这种参照性评价有助于确保评价的一致性和准确性。

第三,多元化的评价方法。为实现评价目标,采用多元化的评价方法是至关重要的。基于目标多元、方式多样、注重过程的原则,评价方法应该综合运用观察、测验、作品展示、课题教学、论文答辩、自评与互评等多种方式。多元化方法不仅能够全面了解学生的学习成果,还能够促进学生在不同领域的全面发展。特别强调的是对学生创新能力的评价,包括技能特长和创新创业活动的内容。通过这些方式,评价体系能够更加全面、深入地了解学生的实际能力,为他们未来的职业发展提供更有力的支持。

总而言之,职业能力评价体系的建立和实施需要在明确评价目标、采用参照性评价标准、多元化评价方法的基础上进行,这样的评价体系旨在培养具备全面能力的职业人才,为其未来职业发展提供有力支持,同时也为用人单位提供高质量的人才资源,推动社会经济的可持续发展。

第一章 高校学前教育专业学生能力培养概论

第一节 高校学前教育专业学生能力的构成要素

一、高校学前教育专业学生的学习能力

高校学前教育专业学生的学习能力是构成其职业核心能力的至关重要因素。在学生的整个校园生涯中，学习能力的培养不仅是成功完成学业的关键，而且对于毕业后的进一步发展具有深远的影响。一般而言，学习能力的养成涵盖了学习者具备系统观察、分析和质疑的能力，同时对于新知识和新技能具有浓厚的好奇心并怀有持续学习的热情。高校学前教育专业的学生在校期间注重培养的学习能力，将为其未来在工作岗位上的表现提供坚实基础。毕业后，他们通常将面对与幼儿互动频繁、好奇心旺盛的工作环境。在这样的背景下，不断学习成为学前教育专业毕业生增值自身的有力保障，也是确保其在幼儿园教育工作中顺利开展的前提条件。幼儿园教师需要具备高度的学习能力，以适应幼儿的成长变化、教育理念的更新和教学方法的不断创新。

（一）学会自我学习

高校学前教育专业学生的学习能力主要体现在两个方面：①需要具备深度的专业知识，包括幼儿发展心理学、教育方法学等方面的知识体系；②需要培养实践操作的能力，包括灵活运用教育理论于实际教学、适应不同幼儿的个性差异等，这两方面的学习能力共同构成了高校学前教育专业学生的全面素质，使其能够在职业生涯中不断提升自我，为幼儿提供更优质的教育服务。因此，学前教育专业学生在高校阶段的学习能力的培养是其未来职业成功的重要保障。

学生在学校学习的过程中，应该培养自我学习的能力，并养成批判反思的习惯，这一过程是为了在有限的学习时间内，更全面、深入地了解学前教育专业知识，以及获得相关技能。其中，学生自我学习能力的发展至关重要。学生需要在

学校规定的基础课程(如语文、英语、计算机、政治等)的学习之外,主动选择学前教育原理、学前教育史、学前儿童发展心理学、学前卫生学和五大领域教学法等专业课程。此外,还可以涉猎钢琴、绘画、声乐、舞蹈和手工等艺术技能,以培养更为全面的素养。

学习能力是学生获取知识的关键因素,它不仅表现在学生知道如何学习,更体现在学生能够在相对短的时间内积累更多的知识,并能够灵活运用学习技巧和策略获取新知识。在知识的积累过程中,学生还需要具备批判精神,对教师所传授的知识进行深入思考和反思。通过不断审视和质疑学到的知识,学生可以更好地理解其中的内涵,形成对知识的深刻理解,从而不断扩充自身的知识库。

为了更好地了解将来的工作对象,学生应该有选择性地学习一些与学校专业设置不完全相关但与将来工作息息相关的课程。例如,学习基础医学、护理知识和管理学等,有助于学生在实际工作中更深入地理解幼儿的健康管理和园所管理。甚至在应对突发事件,特别是为了更好地照顾幼儿,学生还可以涉猎传染病、常见病、外伤简易处理知识,这种全面的学科涉猎可以为学生未来的职业发展提供更为有力的支持。在学习过程中,学生应该注重实践和应用。通过将学到的理论知识与实际工作相结合,学生可以更好地将所学知识转化为实际操作能力,这种能力的培养将使学生更具竞争力,更好地适应未来的职业发展需求。

总而言之,学生在学校学习的几年时间里,除了注重学校规定的基础课程外,还应该主动选择相关专业课程和与将来工作相关的课程。通过培养自我学习能力,形成批判反思的习惯,学生可以更全面、深入地了解学前教育专业,为未来的职业发展奠定坚实基础。同时,将理论知识与实际操作相结合,使所学知识更具实际应用性,将为学生未来的职业发展提供有力的支持。

(二)理论与实际结合

理论与实际相结合的能力对于幼儿教育教师而言至关重要。在学前教育的职业领域中,仅仅具备理论知识是不够的,更需要将这些理论知识融入实际操作中,以创造出更为丰富、有趣,并且适合幼儿成长的学习环境。

作为一名学前教育专业的学生,必须具备实际的动手能力,这一方面包括如何巧妙而合理地布置班级,以创设出对幼儿有益的健康、优美的生活环境。教师需要考虑空间的合理利用,布局的合理性,以及环境的安全性,确保每一个角落都能够成为孩子积极学习和自由玩要的场所。学前教育专业学生的实际动手能力也表现在如何组织班级活动上。幼儿的学习方式与成年人有很大的区别,因此,学前教育专业学生需要有创意和巧妙的方法，让幼儿在玩耍的同时能够获取知识，体验成长的乐趣，这就需要学前教育专业学生具备组织和设计活动的能力，善于引导幼儿参与到各种富有启发性的活动中去。与此同时，理论与实际相结合的能力也体现在将所学知识应用到实际工作中的能力上。不仅是获取知识，更要学会将知识转化为实际工作中的技能，并灵活运用在日常的教学实践中，这不仅要求学前教育专业学生不断提高自身的专业素养，还需要保持对最新教育理念和方法的敏感性，随时调整教学策略以适应幼儿的发展需求。

因此，学习能力在幼儿教育教师的职业素养中不仅表现为知识的获取，更包括技能的习得与应用。只有在理论与实际相结合的基础上，学前教育专业学生才能更好地引导幼儿茁壮成长，培养他们全面发展的潜能。

二、高校学前教育专业学生的思维能力

学前教育是培养儿童全面发展的重要阶段，而学前教育专业学生的思维能力对于有效教育的实施至关重要。要想培养出具备高水平思维能力的学前教育专业学生，需要综合运用多种教育手段和方法，思维能力是学前教育专业学生成功从事教育工作的核心素养。

（一）思维能力的理论基础

学前教育专业学生思维能力的培养不仅需要实践经验的积累，更需要立足于深刻的理论基础。在这方面，认知心理学和教育心理学等学科的相关理论为理解和培养学前教育专业学生思维能力提供了重要的支持，主要包括以下方面。

1.认知心理学

认知心理学强调对个体对信息的处理和思维过程的研究，致力于深入了解人类思维、记忆和学习等心理过程。从认知心理学的视角出发，可以对学前教育专业学生的思维能力进行深入的理论分析。例如，通过采用启发式教学方法，可以激发学生的兴趣和好奇心，从而促使其更积极地参与思维活动，进而提高其问题解决能力。另外，认知心理学还为制定富有认知启发性的教学方法提供了理论指导，有助于激发学生更深入地理解学科知识，提高他们的综合思维水平。

2.教育心理学

教育心理学关注教育过程中的心理现象和规律，为指导学前教育专业学生思维能力的培养提供了重要的理论框架。在教育心理学的视角下，可以通过深入分析学前教育专业学生的学科认知结构，合理设计教育任务，引导学生在学科领域中

形成扎实的知识结构，有助于提升学生的思维水平，使其能够更好地理解和应用所学知识。教育心理学的理论支持还能协助教育者更充分地理解学生心理发展的规律，有目的地设计教育策略，以推动学生在思维能力方面取得更为显著的发展。

在学前教育专业的学生思维能力培养过程中，认知心理学和教育心理学的理论基础为教育者提供了有益的指导和支持。通过深入理解个体的认知过程和教育中的心理现象，教育者可以更有效地设计教学方案，促进学前教育专业学生的思维能力全面发展。

（二）思维能力培养的因素

学前教育专业学生思维能力的培养涉及多方面的因素，其中关键因素的把握对于提高培养效果至关重要。学前教育专业学生思维能力的培养是一项综合性而又关键的任务，其成功实现需要对多方面因素进行精心把握。在这些因素中，课程设置与教学方法、实践与实习、导师指导与个性发展是其中不可或缺的关键要素，对于提高培养效果起到了至关重要的作用，主要包括以下方面。

1.课程设置与教学方法

高校学前教育专业应合理设置专业课程和采用有效的教学方法。为此，引入跨学科知识是一种具有启发性的方法。通过将不同学科领域的知识进行整合，培养学生跨领域思维的能力，使其能够在处理问题时具备更为全面的视角。项目式教学和案例分析是推动学生在实际问题中思考和解决问题的有效途径。采用这种教学方法有助于激发学生对学科的兴趣，培养他们的主动学习和解决问题的能力，从而在未来的实践中更加得心应手。

2.实践与实习

实践作为学前教育专业学生思维能力培养的不可或缺的途径，具有重要的意义。通过实践，学生能够将抽象的理论知识有机地运用到实际的教育场景中，从而培养其解决实际问题的实际操作能力。在实习过程中，学生还能够与实际的工作环境进行深入接触，提高适应能力，培养判断和决策的思维能力。通过实际实践的过程，能够使学生在未来的职业生涯中更有竞争力和实战经验，为他们的综合素质奠定更为坚实的基础。

3.导师指导与个性发展

在学前教育专业学生思维能力培养中，导师扮演着不可忽视的角色。导师与学生之间的深入交流和指导，不仅有助于学生更好地理解专业知识，还能够帮助他们形成系统的思维框架。通过与导师的互动，学生能够更深入地理解学科内涵,形成对知识的全面和深刻的理解。此外,关注学生的个性发展,激发其兴趣和潜能,有助于培养学生的创新和批判性思维。导师的关怀和指导,使学生在学术和职业生涯中更有自信,更有能力面对各种挑战。

(三) 思维能力培养的方法策略

在学前教育专业中,培养学生的思维能力是一项至关重要的任务,涉及理论指导和关键因素的综合考量,主要包括以下方面。

1.问题驱动式学习

问题驱动的学习是培养学前教育专业学生思维能力的有效途径。通过提出真实而复杂的问题,学生被引导主动获取相关知识,进行独立思考和解决问题,这种学习方式有助于培养学生的批判性思维和创新能力。问题驱动的学习使学生能够超越传统的知识传递模式,自主探索问题的本质,从而在解决实际问题的过程中培养了解决问题的能力。教师可以通过设计精心策划的问题情境,激发学生主动思考的欲望,从而推动其思维水平的提升。

2.跨学科式实践

学前教育专业学生思维能力培养需要综合运用多学科知识,跨学科式实践成为一种重要的策略,通过组织相关活动将不同学科的知识有机结合,激发学生的综合运用知识的能力。学前教育专业涉及多个领域,包括心理学、教育学、儿童发展学等,跨学科实践有助于打破学科壁垒,促使学生形成全面而系统的思维。通过跨学科的学习体验,学生能够更好地理解知识之间的相互关系,培养跨学科思维的习惯,从而更好地应对复杂多变的实际问题。

3.案例分析与团队合作

案例分析作为培养学前教育专业学生解决问题能力的有效手段,通过深入分析真实的教育案例,学生能够更全面地了解问题的本质,培养对复杂情境的敏感性。此外,案例分析往往伴随团队合作,通过共同探讨解决方案,培养学生的团队协作和沟通能力。团队合作不仅有助于学生集思广益,共同寻找问题的最佳解决途径,还能培养学生在协作中的领导才能和团队精神。案例分析与团队合作相结合,不仅能够提升学生的问题解决能力,还能够促进综合能力的全面发展。

总而言之,通过问题驱动式学习、跨学科式实践以及案例分析与团队合作等多种科学合理的方法和策略,可以全面提升学前教育专业学生的思维能力,不仅有助于培养学生对问题的深度思考和创新能力,还能够使他们在复杂多变的教育实践中游刃有余,为未来的职业发展奠定坚实的基础。

三、高校学前教育专业学生的方法能力

方法能力是作为一种辅助性能力而存在的，高校学前教育专业学生的方法能力主要包括以下方面。

（一）外语应用能力

学前教育专业学生的外语能力在当今全球化的背景下显得愈加重要。随着国际交流与合作的日益加深，培养具备较高外语水平的学前教育专业人才已成为高校教育的重要任务。

1.外语应用能力的要求

在全球化的潮流下，学前教育专业人才要与国际接轨，了解国际教育理念和前沿教育技术，积极参与国际性学术交流与研究。因此，具备扎实的外语基础成为学前教育专业学生在职业竞争中脱颖而出的重要因素。

解决学前教育专业学生外语能力培养问题，首先，需要加强对外语能力的重视。高校应该通过调整课程设置、优化教学资源和提升师资队伍等手段，以提升学前教育专业学生的外语学习机会和水平。可以通过增设外语选修课程、引进国际先进的教学资源以及提高外语教师的培训水平等方式，为学前教育专业学生提供更好的外语学习环境。其次，要激发学生的学习兴趣和学习动力，培养其积极的学习态度。可以通过设置实践性强、具有实际应用价值的外语课程，引导学生将外语运用到实际教学中，提高学生对外语学习的兴趣和主动性。再次，可以通过组织学术交流、参与国际合作项目等方式，拓展学生的国际视野，增强其对外语学习的认同感和紧迫感。最后，要创新外语教学方法，提高学前教育专业学生的外语表达和沟通能力。可以尝试采用多媒体辅助教学、项目化教学和交互式教学等新型教学手段，激发学生的学习兴趣，提高其学习效果。与此同时，可以通过开展语言角、组织语言交流活动等方式，提高学生的口语表达能力和实际应用能力。通过创新外语教学方法，能够更好地培养学前教育专业学生的外语能力，使其更好地适应未来的职业发展需要。

2.外语应用能力的培养

学前教育专业的学生，作为未来教育者的培养对象，其外语应用能力的提升对于拓展其国际视野、提高专业实践水平至关重要。全面推动学前教育专业学生外语应用能力的提升策略，主要包括以下方面。

（1）强化语言基础教育。在专业课程之外，高校有必要加强学前教育专业学

生的语言基础教育，这可以通过设立外语基础课程或提供专业辅导服务来实现，这样的基础教育旨在巩固学生的语言基础，为其后续的专业学习奠定坚实的基础。通过系统化的语言培训，学生可以更轻松地应对专业领域中的复杂外语表达和交流需求。

(2)拓展实践机会。为了使学生在真实的教育环境中更好地应用外语，高校可以与学前教育机构进行合作，组织实习和实践活动，这样的实践机会能够为学生提供与儿童及家长交流的机会，从而更好地了解语言在学前教育中的实际运用情境。通过参与实际教学活动，学生将能够积累更多的外语应用经验，提升其实践能力。

(3)注重实际交际能力培养。外语教学的目标应该不仅是让学生熟练运用语法和词汇，更应注重培养学生的实际交际能力。为此，教师可以采用模拟教学情境、角色扮演等方法，使学生在实际的交际场景中学习和应用外语。通过这些实践活动，学生将更好地掌握实际运用外语的技能，提高在专业实践中的表达和交流能力。

(4)推动跨学科融合。为了加强学前教育专业与外语学科的关联，高校应积极推动跨学科融合，可以通过设置跨学科课程，引导学生将外语知识与学前教育实践相结合。通过跨学科学习，学生将能够更全面地理解和应用外语，提高他们的跨学科应用能力，使其在未来的教育工作中更加得心应手。

(5)引入现代技术手段。为了提供更灵活、便捷的外语学习方式，高校可以充分利用现代技术手段。在线学习平台、语音识别软件等工具可以为学生提供随时随地的学习资源，增加学习的趣味性。通过结合技术手段，学生可以更主动地参与学习，提高学习效果。与此同时，这也有助于培养学生在数字化时代背景下的外语应用技能，使其更具竞争力。

总而言之，高校学前教育专业学生外语应用能力的提升需要学校、教师、学生等多方面的共同努力。通过加强语言基础教育、拓展实践机会、注重实际交际能力培养、推动跨学科融合以及引入现代技术手段等途径，可以有效提高学前教育专业学生的外语应用能力，使其更好地适应全球化背景下的学前教育教育需求，为提高我国学前教育的整体质量贡献力量。

（二）信息处理能力

信息处理能力的涵义不仅局限于计算机操作技能，更强调在信息获取、分析、处理、呈现与交流等方面的全面能力。对于学前教育专业学生而言，信息处理能力即获取信息的能力、整理信息的能力、传递信息的能力以及展示信息的能力，主要包括以下方面：

第一，获取信息的能力。在教学过程中，他们可能需要获取关于幼儿发展、教学方法和教育心理学等领域的信息，这要求学生具备独立思考和主动探索的能力，以便更全面地了解相关信息。

第二，整理信息的能力。在实际教学中，他们可能会面临各种各样的信息，需要在众多信息中筛选出对教学有价值的内容，以便更好地应用于实践。

第三，传递信息的能力。在实际教学中，学生可能需要向其他教育者、家长或学生传达关于幼儿发展、课程设计等方面的信息，因此他们需要具备清晰表达和有效传递信息的能力。

第四，展示信息的能力。展示信息的能力包括利用图文、图表等方式对信息进行清晰而生动的展示，或者通过演说等口头表达手段传递信息。此外，利用多媒体和计算机等辅助工具进行信息展示也是他们信息处理能力的一部分。在实际教学中，学生可能需要设计教学材料、制作展示板，以便更生动地呈现相关信息，从而提高教学效果。

总而言之，高校学前教育专业学生的信息处理能力是一个多层次、多方面的综合素养。在教学实践中，他们需要不断提升获取、整理、传递和展示信息的能力，以更好地适应和应对复杂多变的教育环境，为幼儿提供更全面、有效的教育服务。

（三）数字应用能力

学前教育专业学生的数字应用能力是当前教育领域中备受关注的重要议题。随着社会信息化的迅猛发展和数字技术的广泛应用，数字应用已经成为现代教育中不可或缺的一部分。高校学前教育专业学生的数字应用能力涉及多个层面，包括信息获取与处理、数字创新能力、教育技术应用等方面。

1.数字应用能力的理论基础

高校学前教育专业学生的数字应用能力的培养迫切需要建立在坚实的理论基础之上，以确保他们在教育实践中能够灵活而有效地运用数字技术。数字应用能力的培养不仅需要深刻理解信息技术领域的知识，还需要融汇教育学的原则，使之成为理论指导学前教育实践的有力支撑，这一培养过程的理论基础涵盖广泛，其中包括但不限于信息技术教育、儿童发展心理学、教育技术学等多个学科的知识。

（1）学前教育专业学生需要深入学习信息技术教育领域的相关知识，这包括对计算机科学、网络技术、数据分析等方面的深刻了解。通过系统学习这些知识，学生将能够更全面地把握数字技术的基本原理和核心技能，这对于他们在日后的教育实践中，运用数字技术进行教学资源的整合与管理具有重要意义。例如，通过了解计算机科学，他们可以更好地应用计算机软件和工具，实现教育资源的数字化整合，提高教学效果。

（2）在教育技术学的学科背景下，学前教育专业学生需深入理解教育过程中数字技术的融合应用，这包括学习教育技术的理论框架、教学设计的原则以及评估与反思的方法。通过这方面的学科知识培养，学生能够更好地将数字技术融入实际的教学场景中，提升课堂教学的创新性和实效性。

（3）深入学习儿童发展心理学对于学前教育专业学生而言至关重要，这一领域的知识能够帮助他们深刻理解儿童在不同年龄阶段对数字学习的认知特点。通过对儿童认知、情感、社会行为等方面的研究，学生将更好地了解儿童的学习需求和心理发展特征，为学生科学设计和选择数字教育资源提供了基础。例如，在教学设计中考虑到儿童的认知水平和兴趣点，可以更有针对性地选用数字教育工具，提高学习的吸引力和效果。

总而言之，高校学前教育专业学生数字应用能力的培养需要通过对信息技术、儿童发展心理学和教育技术学等多个领域知识的系统学习来实现，这不仅有助于学生建立牢固的理论基础，更能够使他们在未来的教育实践中更加自信地运用数字技术，促进学前教育领域的不断发展和创新。

2.数字应用能力的提升策略

（1）强化理论基础教育。为提高高校学前教育专业的教学质量，理论基础教育显得尤为关键。在课程设置上，应着眼于加强信息技术教育和儿童发展心理学等理论基础课程，确保学生在数字应用领域具备扎实的理论基础，一方面有助于培养学生对数字化教育的深刻理解；另一方面也为学生未来在实践中更好地应对数字工具提供了坚实的理论支持。通过系统的理论教育，学生能够更全面、深刻地认知数字应用在学前教育中的重要性，为未来的实际操作奠定坚实基础。

（2）提升师资水平。为确保学前教育专业的数字应用教育能够贴近实际需求，必须加强师资队伍建设。引进具备数字应用经验的教师，提高教师在数字教育领域的专业水平是一项重要措施，不仅包括对新进教师的培训，还涉及对在职教师的进修和更新。只有拥有具备数字应用实践经验的教师，才能更好地引导学生理论与实践相结合,使其能够在数字教育领域更好地发挥专业水平。

(3)拓展实践机会。除了理论基础的建设,加强学生的实践机会同样至关重要。通过设置相关实践课程,学生有机会亲自动手操作数字工具,提升数字应用的实际操作能力。实践课程的开设不仅有助于学生将理论知识转化为实际技能,还能培养学生的团队合作和问题解决能力,这种培养方式有助于学生更好地适应未来数字化教育的发展趋势,为其在实际工作中的应对能力奠定坚实基础。

(4)建设数字资源库。为了提供更全面、优质的学习资源,高校可以建设数字资源库。通过集中整合各类数字教育资源,为学生提供更丰富的学习工具和素材,能够对其学术研究和实践操作产生积极的影响。数字资源库的建设应涵盖多个方面,包括教学视频、电子书籍、教学案例等,以满足学生多样化的学科需求,这样的数字资源库有助于学生更便捷地获取所需信息,提高他们的学术水平。

(5)开展培训活动。为了提高学前教育专业学生和教师在数字应用领域的认知和应用水平,有必要开展数字应用能力培训活动,这种培训活动不仅包括理论知识的传授,还应注重实际操作和应用场景的模拟培训。培训活动的内容应当涵盖多个方面,如数字工具的使用技巧、教学设计的数字化嵌入等。通过这样的培训,学前教育专业的学生和教师能够更自信地运用数字应用工具,提高教学和学习效果。

(6)推动课程创新。随着数字技术和教育理念的不断发展,定期评估和创新学前教育专业的课程体系显得尤为重要。引入最新的数字技术和教育理念,确保课程设置能够与时俱进,是适应快速变化的数字教育领域的必然需求,这意味着高校应当不断关注行业动态,调整和优化课程结构,确保学生所学内容具有实际应用性和前瞻性,使其更好地适应未来的职业发展。

总而言之,强化理论基础教育、提升师资水平、拓展实践机会、建设数字资源库、开展培训活动以及推动课程更新,是提升高校学前教育专业数字应用能力的全面举措。通过这些努力,将有助于培养更具综合素养、适应数字化教育要求的高层次人才,为学前教育的可持续发展做出积极贡献。

四、高校学前教育专业学生的社会能力

社会能力是指个体在社会交往中所需的多方面技能,用以建立健康而积极的人际关系,同时强化对社会的责任感,为未来的生活和职业发展提供更有力的支持,这种能力体现在个体对沟通交流和协作合作的熟练运用上。沟通交流能力涵

盖语言表达、非语言沟通等多个方面,使个体能够更有效地表达思想和理解他人。与此同时,协作合作能力强调个体在群体中的合作精神,通过有效的团队协作实现共同目标。社会能力的培养有助于个体更好地融入社会,建立广泛的社交网络,增进彼此之间的信任和理解,这不仅对个体的人际关系发展至关重要,也为其更全面、积极地参与社会事务奠定了基础。

(一)与人合作的社会能力

高校学前教育专业学生的协作能力是培养未来教育者综合素质的关键要素,对他们的职业发展和学科知识的深入具有深远的影响。与人合作能力是指学生在学习和工作中,能够积极有效地与他人协同合作,共同完成任务并实现共同目标的能力,这一能力在学前教育领域显得尤为重要,因为学前教育师生互动密切,合作是共同创造富有创意和活力的学习环境的关键。

第一,学前教育专业学生的与人合作能力涵盖与同学、教育团队以及家长之间的协作。在与同学的合作中,学生能够通过共同讨论、分享经验和资源,促进各自知识的互补和深化,这不仅有助于学科知识的全面发展,还培养了学生的团队协作和沟通能力。在教育团队中,学前教育专业学生需要与其他教育者共同协作,共同关注儿童的全面发展,通过有效的沟通和协调,提供更为优质的教育服务。与家长的合作则是学前教育中不可忽视的环节,学生需要通过与家长密切合作,共同关心和促进儿童的发展,形成学校、教师和家庭共同育人的良好合作机制。

第二,学前教育专业学生的与人合作能力包括与儿童之间的协作。在学前教育领域,与儿童之间的互动至关重要。学生需要具备与幼儿有效沟通的技能,倾听他们的需求和意见,以更好地满足其发展需求。通过与儿童的合作,学生可以更好地理解和把握儿童的特点和个性,为个性化教育提供更为有效的支持。此外,通过与儿童的互动,学生还能够更加深入地了解儿童的认知、情感和社交发展,为提供个性化、全面发展的学前教育奠定基础。

第三,在培养学前教育专业学生的与人合作能力时,高校可以采取多种教学手段和方法。首先,课堂教学可以通过小组讨论、合作项目等形式,引导学生主动参与合作,培养团队合作的能力;其次,实习和实践环节是提高学生与人合作能力的重要途径,通过参与实际的教育活动,学生能够更好地理解和应用专业知识,培养实际操作的合作技能;最后,学校还可以组织学生参与一些教育项目、社区服务等实践活动,通过与社会各界进行合作,提高学生的社会责任感和团队协作能力。

第四,学前教育专业学生的与人合作能力须在实践中得以培养和提升。实践是培养学生实际操作能力的有效途径,通过在实践中与同学、教育团队和儿童进行合作,学生能够更好地理解和应用所学知识,提高与他人协作的实际操作能力。实践中的合作还有助于学生更好地适应教育现场的复杂性和多样性,培养应对各种情境的能力,提高问题解决的实际操作水平。

总而言之,高校学前教育专业学生的与人合作能力是培养未来教育者全面素质的重要方面。通过与同学、教育团队、家长和儿童的合作,学生能够更好地理解教育的多样性和复杂性,提高实际操作能力,为未来的职业发展奠定坚实基础。高校应注重培养学生的实践能力,通过多种教学手段和方法,引导学生主动参与合作,全面提升学前教育专业学生的与人合作能力。

（二）沟通交流的社会能力

高校学前教育专业学生的沟通交流能力是培养未来幼儿教育者所必不可少的核心素养,随着社会的不断发展和教育理念的更新,沟通交流能力已经被认为是一项至关重要的技能,对于教育工作者而言更是不可或缺的基本素养。

第一,学前教育专业学生的沟通交流能力。在幼儿教育领域,良好的沟通交流能力是成功开展教学工作的基础。学前教育专业学生需要与幼儿及其家长、同事以及其他相关人员进行频繁而有效的沟通,以促进信息的传递和理解,不仅有助于建立良好的师生关系,还能够更好地满足幼儿的个性化需求,提高教育工作的质量。因此,培养学前教育专业学生的沟通交流能力具有重要的现实意义。

第二,学前教育专业学生的沟通交流能力受到多方面因素的影响。首先,个体差异是一个显著的因素,每个学生在语言表达、情感交流等方面存在着差异,这需要教育者在培养沟通交流能力时采取个性化的教学方法,注重发掘和激发每个学生的潜力;其次,教育环境也会对学生的沟通交流能力产生深远影响。一个积极、互动的学习环境能够激发学生的学习热情,提高他们的沟通交流主动性;最后,文化因素、社会因素等也会在一定程度上塑造学生的沟通交流方式。因此,在培养学前教育专业学生的沟通交流能力时,需要全面考虑个体特点和环境因素的相互作用。

第三,培养学前教育专业学生的团队协作能力也是提升其沟通交流能力的有效途径。在实际教育工作中,学生需要与同事、家长、管理者等多方面的人进行合作与交流。通过开展团队合作项目、参与实习实践等方式,可以培养学生的团队协作精神，提高其在协同工作中的沟通交流效果。

第四，为了更有效地提升学前教育专业学生的沟通交流能力，可以采取一系列策略和措施。首先，注重语言能力的培养。语言是沟通的媒介，学前教育专业学生需要具备清晰、准确、生动的语言表达能力。教育者可以通过丰富多彩的语言活动、口语表达训练等方式，提高学生的语言表达水平。其次，注重情感交流的培养。学前教育专业的学生需要通过情感交流建立与幼儿的亲密关系，增强教育的温暖性和人文性。培养学生的情感表达能力，使其能够细致入微地体察幼儿的情感变化，是提高沟通交流效果的重要途径。

总而言之，在社会发展的大背景下，教育者应当意识到培养学生的沟通交流能力对于其未来职业发展和社会适应具有重要作用。通过深入研究影响沟通交流能力的因素，制定有针对性的培养策略，可以更好地满足学前教育专业学生的需求，提高其在实际教育工作中的综合素养。

五、高校学前教育专业学生的心理承受能力

高校学前教育专业学生的心理承受能力是一项至关重要且备受关注的议题。随着社会的发展和人们对教育的日益关注，培养高质量的学前教育专业人才已经成为一个重要的任务。学前教育专业的学生需要具备坚强的心理承受能力，以适应面临的各种挑战和压力，确保他们能够胜任这一重要领域的工作。

（一）心理承受能力的意义

第一，对于学前教育专业的学生而言，其心理承受能力在未来职业发展中具有至关重要的地位。学前教育涉及儿童成长发展的关键时期，而学前教育专业人才在其工作环境中往往面临着复杂而具有挑战性的情境，这一领域的学生在课堂学习和实习中可能会面临多方面的压力，其中包括但不限于与儿童家庭的互动、教育资源的不足，以及对学科知识深度的追求。

第二，在学前教育的实践过程中，学生需要处理与儿童及其家庭之间复杂的人际关系，这种互动可能涉及家庭背景的多样性，儿童的个体差异以及家庭教育观念的碰撞，从而增加学生在情感和心理上的负担。同时，学前教育领域的教育资源往往受到限制，这可能导致学生在教学实践中面临各种挑战，需要通过创新和适应性的方法来应对。

第三，学前教育专业学生还需要面临对学科知识的深刻追求，这一追求不仅

包括对儿童发展心理学、教育学理论等专业知识的理解，还涉及实际教学技能的培养。学生需要不断地提升自身的专业素养，以应对日益变化和复杂的学前教育环境，这对其学科知识的广度和深度提出了更高的要求。

第四，在面对这些挑战时，学前教育专业学生必须具备良好的心理适应能力。只有通过建立强大的心理承受能力，学生才能在面对各种工作压力时保持稳定的情绪和积极的工作状态，这种能力不仅有助于学生更好地应对工作中的挑战，还能够促使他们更好地服务于儿童的成长和发展。

总而言之，通过培养这种能力，学生将更好地适应复杂的学前教育环境，为儿童的成长和发展提供更加全面和专业的支持。因此，学前教育专业的培养过程应注重培养学生的心理适应能力，以确保他们能够胜任未来的职业挑战。

（二）心理承受能力的影响因素

学前教育专业学生的心理承受能力是一个复杂过程，其中个体因素和环境因素是两个主要的影响维度，主要包括以下两个方面。

1.个体因素

每位学生独特的个性、性格和过往经验都在塑造其心理承受能力上发挥着深远的作用。一些学生天生具备较强的适应性和抗压能力，这可能与其个体差异有关；有些学生可能需要通过系统的学习和实践，以不断提高自身的心理素质。因此，针对不同学生的个体差异，有必要实施个性化的培训和引导，以促进其心理承受能力的全面发展。

2.环境因素

教育环境、实习机构的工作氛围以及同学之间的关系网络都对学生的心理状态产生着深远的积极或消极影响。学校的教学氛围，包括教学方法、课程设置和教学资源，直接关系到学生的学业压力和情绪体验。实习机构的工作环境是否良好、是否能够提供支持性的学习机会，直接关系学生面对实际教学工作时的心理应对能力。与此同时，同学之间的关系也对学生的心理状态产生着潜在的影响，一方面，良好的同学关系有助于共同应对学业压力；另一方面，不良的同学关系可能成为心理负担的源泉。

（三）心理承受能力的培养策略

在加强学前教育专业学生心理承受能力方面，可以通过多方面的干预和支持策略来实现，主要包括以下三个方面。

第一，高校可通过设置相关课程，引导学生深入了解心理学知识，参与实践培训，从而提高他们对心理承受能力的认知水平。通过理论学习，学生能够更全面地理解心理承受能力的形成机制，深刻认识到其在职业发展中的不可或缺之重要性，这样的课程设计不仅为学生提供了理论框架，也为其在实践中更好地应对挑战奠定基础。在实习过程中，学生通常面临着与实际工作相关的各种困难和挑战，而这也被视为培养心理承受能力的宝贵机会。学校和实习机构可以采用模拟实践、案例分析等方式，协助学生更好地适应工作环境，提升其处理困境的能力。通过实际经验的积累，学生将能够更自信、更从容地面对工作中的各种压力和挑战，从而增强其心理承受能力。

第二，心理辅导是提升学前教育专业学生心理承受能力的重要途径。专业的心理辅导团队可以通过个体咨询、集体辅导等方式，为学生提供专业的心理支持和指导。通过心理辅导，学生可以更深入地了解自己的心理状态，解决潜在的心理困扰，提高情绪调节和压力管理的能力，这种个性化的支持有助于学生建立积极的心理态度，培养应对挑战的自信心，从而更好地适应学业和职业发展中的各种压力。

第三，在培养学前教育专业学生心理承受能力的过程中，综合素质的培养显得尤为关键。学前教育专业的学生不仅需要掌握坚实的专业知识，还应当注重培养广泛的综合素养，主要包括以下两个方面。

一是，良好的沟通能力是学前教育专业学生在未来职业生涯中必备的重要素质。学生需要能够清晰表达自己的观点，有效与学生、家长和同事进行沟通。在教学过程中，良好的沟通技能能够促使学生更好地理解和接受教育内容，同时也有助于建立与学生家长之间的密切关系，从而更好地推动学生的全面发展。

二是，团队协作能力是培养学前教育专业学生综合素质的又一关键因素。在实际的学前教育工作中，教师需要与同事、学生和家长紧密合作，共同致力于学生的教育成果。通过培养团队协作能力，学生可以更好地适应团体合作的工作环境，提高解决问题的能力，并在团队中充分发挥个人优势，实现共同目标。总而言之，学前教育专业学生的心理承受能力是一个复杂而重要的问题，需要全社会的共同关注和努力。教育机构、实习机构、学生个体等多方面应共同合作，通过理论学习、实践培训、心理辅导等手段，共同促进学生心理承受能力的提升。只有在全社会的共同努力下，才能培养出更多具备优秀心理承受能力的学前教育专业人才，为我国学前教育的发展做出更大的贡献。

六、高校学前教育专业学生的创新能力

(一)创新能力的要素

随着社会的不断发展和教育理念的更新,培养学前教育专业学生的创新能力已经成为高等教育的一项迫切任务。高校着力培养提高学前教育专业学生的创新能力,有助于学生逐步形成创造性的人格特质,即有创新的意愿、创新的自信与创新的责任感,能直面新问题、新挑战,从而为学前教育事业提供更多具有创新素质的人才;有利于为幼教机构提供更多能够采用先进教育理念、教学方法、教学手段开展教学并具有创新能力的人才,促进我国幼教事业的可持续发展。学前教育专业学生的创新能力是一个充满丰富内涵的综合概念。创新能力不仅仅限于学生在学术研究方面的创新,更涵盖了对实际问题的创造性解决和在教育实践中提出新思路、新方法的能力,这一能力的多元性要求学生具备跨学科的综合素养,不仅能够在教育学理论体系中有所突破,还需要能够灵活运用心理学、社会学等相关知识来应对复杂多变的教育实践。

第一,学前教育专业学生的创新能力要在教育学理论领域取得突破,这包括对传统教育观念的挑战和对新兴教育理念的探索。学生应该具备深刻的教育学知识,能够审视并提出对教育体系的改进建议。此外,他们还需要关注国内外先进的学前教育理论和实践,以不断拓展学科边界,推动学前教育领域的前沿研究。

第二,在实际问题的创造性解决方面,学前教育专业学生的创新能力需求更为迫切。面对教育实践中的复杂问题,他们应该具备独立思考和解决问题的能力,这包括对幼儿教育中存在的各种挑战提出创新性的解决方案,从而不断提升教育水平和质量。

第三,学前教育专业学生的创新能力需要具备团队协作、沟通表达、问题解决等综合素质。在未来的工作和社会交往中,他们将面临多样性的挑战,需要通过与他人协作,有效地沟通和解决问题。团队协作能力使他们能够在共同的目标下合作,充分发挥集体的力量,更好地应对复杂的工作环境。

总而言之,学前教育专业学生的创新能力不仅关乎学术研究,更涉及实际问题的解决和教育实践中的创新,这一能力的培养需要跨学科的视野,不仅要在理论层面有所突破,还需要在实践中不断锤炼和提升。

(二)创新能力的培养策略

第一,培养学前教育专业学生的创新能力是一项复杂的任务,其中课程设置

是至关重要的环节。根据当前学前教育的教学情况,为了全面提高学生的专业能力,培养学生创新创业意识,应以课程设置为切入点展开教学,根据学前教育的思维逻辑制定符合当前学生认知的课堂教学内容和教学模式。通过巧妙设计课程内容和采用创新性的教学方法,可以有效地激发学生的学科兴趣,引导他们在学习过程中更加主动地思考和探索。在这一过程中,引入案例分析和项目式教学等活动,有助于培养学生解决实际问题的能力。通过实际案例的分析,学生能够更深刻地理解理论知识,并在解决实际问题的过程中培养创新思维。

第二,实践教学是培养学前教育专业学生创新能力的有效手段。通过实习和实训等形式,学生能够深入实际的教育场景中,与真实的学童互动,更好地理解并应用所学知识。实践教学不仅有助于学生将抽象的理论知识转化为实际操作能力,而且能够提供一个锻炼创新能力的平台。在实际的教育过程中,学生面临各种挑战和问题,需要灵活运用所学知识,培养解决问题的能力,从而促进创新思维的发展。

第三,学校可以通过组织学科竞赛、创新项目等活动,为学生提供展示自己创新成果的机会,激发其创新潜能。参与学科竞赛,学生可以在与同学竞争的过程中不断挑战自我,发现问题并寻找解决方案。创新项目则为学生提供了一个实践创新的平台,让他们在实际项目中运用所学知识,锻炼创新思维和团队协作能力。

第四,学校需要加强教育理念的更新和师资队伍的建设,以确保学前教育专业的教学能够有效地融入创新理念。教育理念的更新不仅仅是理论上的改变,更需要在实际的教学过程中贯彻落实。创新理念应当被有机地融入学前教育专业的教育体系,通过调整课程设置、教学方法和评价体系等方面的内容,使学生在学习过程中更加注重实践和应用,这种更新不仅有助于培养学生独立思考和解决问题的能力,还能激发学生对于创新的兴趣和热情。

为了更好地培养学前教育专业学生的创新能力,学校还需着力构建一支具有创新精神的师资队伍,这要求教师不仅具备扎实的学科知识和教学技能,更要具备开放包容、积极探索的思维方式。教师需要成为学生的榜样和引导,通过自身的实际行动影响学生对于创新的态度。教师的创新能力提升不仅可以通过参与教育研究、学科交流等方式实现,更需要注重跨学科的合作,拓展自己的学科视野和专业能力,从而更好地引领学生迈向创新的道路。

(三)创新能力培养的有效性

学前教育专业学生创新能力培养的有效性需要进行充分的实践效果评估。

培养学前教育专业学生的创新能力是一项综合性而具有挑战性的任务,其评价不仅限于学术领域的表现,还需要深入实际的教育场景进行全面考察。创新能力的全面评估涉及学生在学术和实践两个层面的表现,主要包括以下两个方面。

第一,在学术领域,学生的创新能力可通过其创新项目、论文等学术成果来体现。学生能否提出新颖的研究问题,是否具备独立思考和解决问题的能力,以及是否能在学术论文中展示独特见解,都是评价学术创新能力的关键因素,这方面的评价不仅有助于了解学生在理论体系和学科知识上的创新能力,也为其未来在学术研究领域的发展奠定基础。

第二,在实际教育中,学生的表现是评价创新能力的重要依据。在实习过程中,学生是否能够将所学知识灵活应用于解决实际问题,是否具备观察、分析和判断的能力,以及是否能提出创新性的教育方法,都是实践创新能力的重要指标,这种评价方式更关注学生在真实教育环境中的应变能力和创新实践经验,能够反映其将理论知识转化为实际操作的能力。

通过对学生实际表现进行全面评价,有助于更全面地了解其创新能力培养的效果。这种评估方法不仅关注学术理论层面,还强调学生在实际教育场景中的能力表现,使评价更加全面且深入。对学前教育专业学生创新能力培养的实践效果进行综合评估,不仅有助于发现亮点和优势,还为今后改进教育模式和培养方案提供有益的参考和指导。

总而言之,学前教育专业学生的创新能力培养是一项复杂而长期的任务,需要学校、教师和学生共同努力。学校要加强对创新能力培养的理论研究,优化课程设置,提升师资队伍水平。教师要不断提升自己的创新能力,激发学生的学科兴趣。学生则要主动参与各类创新活动,不断提升自己的创新思维和实践能力。通过共同的努力,将学前教育专业学生的创新能力培养推向一个新的高度,为我国学前教育事业的发展注入强大的创新动力。

第二节 高校学前教育专业学生能力培养的理论基础

学前教育作为教育体系的基础,其专业学生的能力培养一直是学科建设和教学改革的核心问题之一。在当代社会,人才培养已经转变为注重培养学生综合素养和实际操作能力的过程。从理论上讲,学前教育本科专业人才的培养应立足学前教育师资的成长规律、学前教育本科生的学习规律以及幼儿教师职业的特殊需要来构建有效的培养模式。因此,高校学前教育专业的学生能力培养理论体系的构建变得至关重要。高校学前教育专业学生能力培养的理论依据主要包括以下方面:

一、儿童发展心理学理论

高校学前教育专业学生能力培养的理论基石是儿童发展心理学,该领域的理论体系在学前教育实践中扮演着至关重要的角色。儿童发展心理学是一门研究儿童在其生命周期内生理、心理和社会方面发展的学科,其核心目标是深入理解儿童在不同阶段的发展过程,以便为其提供有效的教育支持。

在学前教育专业的课程中,对儿童发展心理学的深入学习为学生提供了理论基础,使其能够深刻理解儿童的生理和心理特点。通过对儿童认知、情感、社交等方面的研究,学生能够掌握儿童在不同年龄段的发展规律,理解其行为和情感背后的心理机制,这为学生提供了必要的认知工具,使他们能够更全面地了解和回应儿童的需求。儿童发展心理学的学习强调儿童心理健康的促进方法。学前教育专业的学生在学习中深化对儿童心理问题的认识,学习如何通过有效的教育手段促进儿童心理健康,这包括了解和应对儿童可能面临的心理困扰,提供适当的支持和指导,以确保儿童在学习和成长中获得积极的心理体验。

理论学习与实际教学密切结合,学前教育专业的学生通过儿童发展心理学的知识,能够更科学地指导和设计实际的教学活动。了解儿童发展的规律使教育者能够更好地选择教学策略,个性化地应对不同阶段儿童的需求,提升教学的针对性和有效性。总而言之,儿童发展心理学不仅能够拓宽学生的学科视野,更为其提供实践指导,使他们在未来的教育实践中更加有信心和能力应对不同年龄段儿童的教育需求。

二、建构主义教育理论

建构主义教育理论强调学生通过主动参与和合作互动的方式来构建知识,将学习视为个体与环境相互作用的过程。在学前教育专业中,培养学生引导和激发儿童学习兴趣的能力至关重要,而建构主义教育理论为其奠定了理论基础。学前教育专业的学生需要具备引导儿童学习兴趣的能力,这不仅要求他们具备丰富的教育知识,还需要通过建构主义教育理论的学习,掌握灵活运用各种教学策略的能力。建构主义理论认为学习是一个动态的、个体与环境相互作用的过程,因此学生需要通过亲身经历和实践来深刻理解和运用该理论。

在建构主义教育理论的框架下,学前教育专业的学生被鼓励通过实际的教学活动将理论知识与实践操作相结合,这种结合能够使学生更好地理解建构主义理论,并将其有机地融入实际的教学过程中。通过亲身实践,学生能够更加深入地体会到建构主义教育理论的核心思想,进而能够更灵活地应用各种教学策略,激发儿童的学习兴趣,培养其主动学习的能力。

建构主义教育理论的学习不仅是理论层面的积累,更能够为学前教育专业的学生提供一种指导实践的理念。通过建构主义教育理论,学生能够更好地理解教育活动中个体和环境的相互作用,从而更有针对性地设计和实施教学计划,这样的学习过程不仅有助于学生全面提升自身的教育水平,更有助于培养儿童在学习中真正做到知识的建构和运用。

三、社会文化理论

社会文化理论在高校学前教育专业学生能力培养中发挥着重要的理论支持作用。社会文化理论强调学习是社会文化传承的过程,强调个体在社会文化环境中获取知识和技能的重要性。在学前教育专业中,学生不仅需要具备专业的教育知识,还需要深刻理解和关注社会文化的背景,以更好地融入教育活动并使之具有社会文化的连贯性。社会文化理论为学生提供了一种有力的理论基础,促使他们能够更全面地认识到教育与社会文化之间的密切联系。

学前教育专业的学生通过社会文化理论的学习,能够更深入地理解儿童的教育需求。学习不仅是获取知识和技能,更是一个社会文化传承的过程。因此,学生需要了解儿童所处的社会文化环境,以更好地满足其在教育过程中的个体差异和文化需求,这种理论视角的应用能够使学生更加敏感地捕捉到儿童的学习特点和文化背景,为他们提供更贴近实际的教育服务。

在实践中,通过社会文化理论的学习,学前教育专业的学生能够更好地融入社会文化元素,使教育活动更具有社会适应性和实效性。社会文化理论提醒学生在教育实践中要关注社会文化的多样性和复杂性,使其能够更灵活地应对不同文化背景下的学生需求,跨文化的视角能够培养学生的文化敏感性,使他们在实际教学中更能够积极地应对和解决不同文化带来的教育挑战。

总而言之,社会文化理论为高校学前教育专业学生提供了丰富的理论支持,使其在教育实践中更具深度和广度。通过对社会文化理论的深入学习,学生能够更好地理解学习与社会文化之间的互动关系，为儿童提供更具社会文化意义的教育服务，进而为学前教育专业的学生能力培养奠定坚实的理论基础。

四、多元智能理论

多元智能理论认为每个个体在各种智力领域都具备独特的优势，而学前教育专业的学生应通过理论学习和实践操作，深刻理解儿童的多元智能发展特点，这一理论观点指导着学生根据不同儿童的智力优势，制定个性化的教育方案，从而更有效地促进儿童的全面发展。多元智能理论的学习使得学前教育专业的学生能够更全面地认知和把握儿童的各种智力潜能。通过对多元智能理论的深入研究，学生将获得对不同智力领域的深刻理解，进而更好地识别和挖掘儿童的潜在天赋，有助于教育者更有针对性地引导和激发儿童在各个智力领域的潜能，使其在学前教育的过程中取得更为显著的进步。

多元智能理论的应用使得学前教育专业的学生能够更加灵活地运用不同的教学策略，以满足不同儿童的个体差异化需求。通过充分了解儿童的智力特长，学生能够有针对性地设计和调整教学计划，为每个儿童提供更加贴合其个体差异的教育体验，不仅有助于促使儿童在认知、情感、社交等多方面得到全面发展，也为学前教育工作者提供了更为科学的指导和支持。

总而言之，多元智能理论作为高校学前教育专业学生能力培养的理论依据，为其提供深刻的认知框架和实践指导。通过深入学习和应用这一理论，学前教育专业的学生能够更加有效地促进儿童的全面发展。

五、现代技术理论

现代技术在学前教育专业学生能力培养中的应用是备受重视的理论基础。随着信息技术的快速发展，学前教育专业的学生需具备灵活运用现代技术的能力，其中包括但不限于运用多媒体教学手段提升教学效果，以及通过网络资源获取最新的教育信息等方面，这一应用不仅有助于提高学生的信息获取和处理能力，还为其提供更加丰富多彩的教学工具，从而显著提升教学的灵活性和趣味性。

在信息技术飞速发展的时代，学前教育专业的学生需要不断适应和掌握新兴的技术，以更好地应对未来教育的挑战。通过运用多媒体教学手段，学生能够以更直观、生动的方式呈现教育内容，从而提升学习者的理解和记忆效果。例如，通过图像、音频和视频等多媒体元素的融合，教学内容能够更生动形象地传达给学生，激发他们的学习兴趣，使学习过程更加富有趣味性，这种教学手段的运用，有助于创造积极的学习环境，培养学前教育专业学生的创新思维和表达能力。

通过网络资源的广泛运用，学前教育专业的学生能够及时获取最新的教育信息。互联网的普及使得教育领域的资源得以全球共享，学生可以通过在线平台获取到来自世界各地的先进教育理念、案例经验和研究成果，这种信息的及时更新和全球范围的资源共享，为学前教育专业学生提供了更广阔的学术视野和更丰富的教学素材，有助于拓展他们的知识广度和深度。

总而言之，现代技术的应用不仅能够提升学前教育专业学生的信息获取和处理能力，而且能够为其提供丰富多样的教学工具，提高了教学的灵活性和趣味性。因此，现代技术的应用成为高校学前教育专业学生能力培养的重要理论依据。通过不断整合和创新现代技术在教学中的应用，可以更好地满足学前教育专业学生的培养需求，培养出更具创新力和适应力的未来教育从业者。

六、跨学科综合素养理论

学前教育专业学生的能力培养是一项复杂而全面的任务，在学前教育专业中，学生需具备涵盖多个学科领域的知识和能力，其中包括心理学、教育学、社会学等。跨学科综合素养理论的核心思想在于将各个学科的知识有机整合，以更好地应对复杂而实际的问题，这一理论为学前教育专业的学生提供了理论指导，使其能够更全面、更系统地理解儿童的发展和教育需求，并提升解决实际问题的能力。

跨学科综合素养理论的关键特征在于强调知识的整合性，意味着学前教育专业的学生不仅需要具备在单一学科领域深厚的知识，还需要具备将这些知识有机结合的能力。学前教育涵盖众多领域，涉及儿童的心理、教育环境和社会背景等多个方面，因此，学生需要能够跨越不同学科，形成对儿童全面发展的综合认识。跨学科综合素养的培养不仅仅是对各学科知识的简单堆积，更是通过深度融合，使学生能够在实际问题中灵活运用这些知识。

通过跨学科综合素养的培养，学前教育专业的学生得以更为全面地理解儿童的发展过程。他们能够从心理学的角度洞察儿童的认知和情感发展，同时，通过教育学的透视，理解教育对儿童发展的深远影响。社会学的观点则为学生提供了审视儿童在社会环境中成长的角度，从而更好地把握教育实践中的社会因素。跨学科综合素养理论为学前教育专业学生提供了解决实际问题的有力工具。他们不再局限于单一学科的框架中，而是能够综合运用各领域知识，更为灵活地应对各类教育场景中的挑战，这种全面的理论基础为学前教育专业的学生的综合素养提供了坚实支撑，使其在未来的教育实践中更加游刃有余。因此，跨学科综合素养理论在高校学前教育专业的学生能力培养中具有不可忽视的作用。

总而言之，高校学前教育专业学生能力培养的理论基础涵盖了多个方面，包括儿童发展心理学、建构主义教育理论、社会文化理论、多元智能理论、现代技术的应用以及跨学科综合素养理论等，这些理论依据为学前教育专业的学生提供了丰富的知识和方法论支持，使其能够更好地适应现代社会对学前教育人才的需求，更好地胜任学前教育工作。

第三节 高校学前教育专业学生能力培养的重要意义

一、提高学生的就业竞争力

高等职业教育的就业导向，虽然强调了专业知识和技能的培养，但在实践中却有可能导致过度专业化，使学生在面对变化多端的职场时显得相对僵化。因此，有必要更加全面地理解“以就业为导向”的培养目标，注重培养学生的职业核心能力，提高其在就业市场中的竞争力。

第一，提高学生的综合素质，培养跨学科能力。高校学前教育专业除了讲授专业知识和技能外，学生还需要具备跨学科的能力，这包括综合分析问题的能力、创新解决问题的能力、团队协作的能力等。用人单位在招聘过程中更加倾向于拥有全面素质的员工，他们能够更好地适应不同领域的工作需求，具备更强的学科交叉能力。因此，高等职业教育应当在培养学生的专业知识和技能的同时，注重培养学生的综合素质，使其能够在复杂多变的职场中游刃有余。

第二，培养学生的创新能力和问题解决能力。随着社会经济的不断发展和科技的日新月异，用人单位更加需要具备创新能力和问题解决能力的员工。高校学前教育专业应当通过创设创新型实践课程、组织创业实践活动等方式，激发学生的创新意识，培养其独立思考和解决问题的能力，这种培养方式有助于使学生在工作中更具有应变能力，能够迅速适应新的工作环境，从而提高了他们在职场上的竞争力。

第三，强调团队协作和沟通能力的培养。在现代职业生涯中，很少有工作是独立完成的，团队协作和沟通能力成为用人单位考察的重要标准。高校教育应当通过项目式教学、实习实训等方式，培养学生的团队协作和沟通技能，这样的培养模式有助于学生更好地适应企业团队工作的要求，提高了他们在团队中的协作效率，从而增强了他们在职场中的竞争力。

第四，关注学生的跨文化沟通和国际化视野。高校学前教育专业应当通过国际交流、实习项目等方式，培养学生的跨文化沟通能力，拓宽他们的国际化视野，这样的培养方式有助于使学生更好地适应国际化的工作环境，提高了他们在全球范围内的竞争力。

总而言之，高校教育的就业导向应当更加全面，注重培养学生的职业核心能力。通过提高学生的综合素质、培养创新能力和问题解决能力、强调团队协作和沟通能力、关注跨文化沟通和国际化视野，可以更好地满足用人单位对人才的需求，提高学生在就业市场中的竞争力，这种全面素质的培养方式既有利于学生个人的职业发展，也符合社会对于高素质人才的需求。

二、职业教育核心能力的提高

随着学前教育的快速发展，社会对幼儿园师资的要求也日益提高，这对高校学前教育专业学生既是一种机遇，也是一种巨大的挑战，其中，就业求职阶段尤为关键，它不仅是学生进入工作岗位的第一步，也是个人职业生涯中至关重要的起点。在面对招聘面试官时，展现个人素养和职业核心能力往往比展示专业技能更为关键，因为这直接体现了一个求职者是否具备良好的人际交往、团队协作、问题解决等综合能力，从而影响用人单位的选择。学前教育专业学生在求职过程中需要认识到，职业核心能力的培养是提高就业竞争力的重要途径。

第一，个人综合素养包括沟通能力、协作能力、解决问题的能力等，这些能力不仅是幼儿园教师所需，也是各行各业所看重的。在面试中展现出优秀的综合素养，能够更好地体现出一个求职者的专业素养和适应能力，从而提高了他们在职场中的可塑性和适应性。

第二，职业核心能力的培养有助于提升学生的人际交往能力。幼儿园教育工作注重与幼儿、家长、同事之间的良好沟通与合作，这就要求幼儿园教师具备出色的人际交往能力。因此，学前教育专业学生在校期间应该注重团队协作、参与社会实践和社团活动，积累丰富的人际交往经验，培养与人相处的良好态度和技巧。

第三，解决问题的能力也是职业核心能力的一部分。在面对各种复杂情境和工作挑战时，具备解决问题的能力的幼儿园教师能够更加从容地应对，不断提高工作效率。学前教育专业学生在校期间可以通过参与实际教学实践、实习经验等方式,锻炼自己分析问题、制定解决方案的能力,为未来的职业生涯奠定坚实基础。

第四,学前教育专业学生还应注重自我反思和职业规划。自我反思是不断审视自己的思想和行为的过程,它可以帮助学生更好地理解自己的优点和不足,从而明确自己需要改进的地方。对于学前教育专业学生来说,自我反思可以帮助他们更好地理解幼儿的身心发展特点,不断完善自己的教学方法和技巧,提高自己的教育水平。职业规划则是指个人在职业生涯中制定的一系列计划和目标,它可以帮助学前教育专业学生明确自己的职业发展方向,并为之努力奋斗。通过职业规划,学生可以更好地了解自己未来的职业要求和趋势,从而有针对性地提升自己的能力和技能,为将来的就业做好充分准备。学前教育专业学生通过不断地对自己的职业目标进行梳理和调整,明确自己所需的职业核心能力,有针对性地进行培养和提升,这种主动性的思考和规划有助于学生更好地适应职场的需求,提高自己在竞争激烈的就业市场中的竞争力。因此,学前教育专业学生应注重自我反思和职业规划,不断完善自己的知识和能力,以更好地适应未来的职业发展需求。同时,学校和教师也应加强对学生的引导和帮助,提供更多的实践机会和职业规划指导,为学生未来的职业发展打下坚实的基础。

总而言之,职业核心能力的培养对于高职高校学前教育专业学生提高就业竞争力至关重要。通过全面培养学前教育专业学生的综合素养、人际交往能力和问题解决能力,以及通过自我反思和职业规划的方式,可以更好地满足用人单位对于优秀幼儿园教师的需求,使学生更好地融入职场,实现个人职业生涯的成功发展。

三、可持续发展与全面发展

经济的持续高速增长引发了产业结构的深刻变革,这一变革在许多方面都前所未有。传统产业在不经意间逐渐消失,被一系列新兴职业以超乎想象的速度和形式所取代。在这一背景下,高校学前教育专业的职业核心能力显得尤为重要,这种能力不仅是可持续发展的能力,更是一种可迁移的、普适的技能,这意味着,学生们在校园中培养的职业核心能力将在他们未来的职业生涯中持续发挥作用,为他们的职业发展奠定坚实的基础。

可持续发展能力主要指在未来的教育工作中,能够适应和应对环境、社会、经济、政治等方面的变化，同时促进个体和社会的长期发展。这种能力包括创新能力和批判性思维、终身学习能力和自主学习能力、社会适应能力和交流合作能力、道德素养和情感智慧、身心健康和良好的生活方式等。可持续发展能力是职业核心能力的重要组成部分，它要求个体不仅要具备在特定领域内持续进步的能力，还需要具备跨领域的学习和适应能力。随着职业环境的不断变化，劳动者需要不断更新自己的知识和技能，适应新的工作方式和要求。只有具备了这种可持续发展的能力，劳动者才能在激烈的职业竞争中脱颖而出，保持职业的长期竞争力。

职业核心能力的可迁移性使得个体在不同领域、不同行业之间更加灵活，这种能力不仅使劳动者能够适应不同岗位的要求，还让他们能够更轻松地跨足不同的行业领域，对于职业生涯的规划和发展意义深远，因为未来的职业市场很可能呈现出更加多元化和多样化的趋势，要求个体能够具备更广泛的能力和技能。总而言之，经济的快速发展催生了职业结构的深刻变革，对劳动者的职业能力提出了更高的要求。在这个过程中，学校所培养的职业核心能力成为劳动者成功应对职业挑战的重要支撑，这种能力的可持续发展和可迁移性为个体提供了更广阔的发展空间，使他们能够在职业生涯中始终保持竞争力。因此，职业核心能力的培养不仅是学校教育的责任，也是劳动者自身职业发展的关键所在。

四、从职业竞争环境中脱颖而出

从人的发展层面而言，高校教育在培养学生方面有着明确的目标和阶段性的任务。首要的任务是进行就业教育，随后是适应岗位变迁的教育，最终目标则是实现个人高远目标的教育，这一阶梯式的培养模式旨在使学生在职业发展的不同阶段都能够有针对性地获得必要的知识、技能和能力。要想在竞争激烈的职业环境中脱颖而出，个体需要综合运用所学知识和技能，但更为关键的是职业核心能力的发展。尽管专业知识和技能是无可置疑的基础，但职业核心能力却在人才的选拔和职业成功中发挥着更为重要的作用，这种能力包括但不限于学会学习、沟通交流、问题解决等方面的技能。

第一，学会学习的能力对于学前教育专业学生而言至关重要。学会学习的能力是指掌握学习的方法和技巧，以快捷简便、有效的方式获取准确的知识信息，加工和利用信息，把新知识融入已有的知识、分析和解决实际问题的能力中。在职业生涯中，工作要求常常会随着市场和技术的发展而变化，要想保持竞争力，从业者需要快速地掌握新的知识与技能。学会学习的能力使从业者具备不断自我更新的能动性,能够灵活地适应职业生涯中的不同阶段和挑战。

第二,沟通交流能力也是职业核心能力中的重要组成部分。高校学前教育专业应强调团队合作和信息共享,而沟通交流能力则是有效实现这些要求的关键。从书面或口头陈述到与人会谈或谈判,再到与不同层次的人保持联系与建立关系,都需要良好的沟通交流技能,这对于工作的顺利开展和发展人际关系都至关重要。

第三,问题解决能力是职业核心能力的又一重要方面。只有具备较高水平的问题解决能力,学生才能从容应对各种职业场景,这种能力使个体在工作中能够迅速、有效地找到解决问题的途径,为自身和团队创造更有价值的成果。

学前教育专业在校学生的职业核心能力培养对学生的职业生涯产生深远的影响。培养学生学会学习的能力,不仅使其在工作中能够快速适应新的要求,还为其在职场中的不断成长提供了基础。沟通交流能力的培养则有助于学生在职业生涯中更加顺利地与他人协作,促进团队协同工作的效率。问题解决能力的培养使学生具备了在面对各种职场挑战时的应对能力,从而更好地实现个人职业目标。职业核心能力的培养不仅是为了应对当前的职业需求,更是为了学生未来职业生涯的可持续发展与个人能力的全面提升。无论学前教育专业学生将来从事本专业工作还是选择转行,职业核心能力都将成为其职业生涯道路上的重要支撑。

五、培养学生服务社会的意识

高校学前教育专业学生能力培养对整个教育体系的贡献至关重要。学前教育在整个教育体系中占据着重要位置,而高校学前教育专业的学生作为未来学前教育从业者的培养对象,其能力的培养直接关系到整个学前教育质量的提高。通过系统、科学的学习,学前教育专业的学生能够掌握儿童心理学、教育学等相关专业知识,具备儿童教育的专业技能,这不仅有助于提高学前教育的实际操作水平,还有助于推动学前教育理论的不断创新和发展,为整个教育体系的进步贡献力量。

第一,高校学前教育专业学生能力培养在社会中具有重要的服务作用。学前教育是社会各界普遍关注的焦点,而学前教育专业的学生通过专业培养,能够胜任幼儿园、托儿所等学前教育机构的工作,为社会提供优质的学前教育服务,这种服务不仅直接影响家庭,使家庭更好地履行儿童教育的责任,也能够为社会培养更多的人才资源,满足学前教育事业的需求。学前教育专业学生的服务作用在推动社会文明进步的同时,也能够为国家培养更多的幼儿园教师、学前教育管理者等专业人才。

第二,高校学前教育专业学生服务能力培养对儿童的全面发展具有积极的促进作用。学前教育专业学生通过专业培养,能够更好地理解儿童的生理、心理、社会等方面的特点,有针对性地进行教育活动设计,为儿童提供更合理、更有效的教育环境,这有助于促使儿童在认知、情感、社交等方面得到全面的发展,为其未来的学习和生活奠定坚实的基础。通过学前教育专业学生的能力培养,可以更好地保障儿童权益,提高其生活质量,为社会培养更多有社会责任感的公民。

第三,在高校学前教育专业学生服务能力培养中,除了传授理论知识和技能外,实践能力的培养也是至关重要的环节。学生通过实际操作、实习实践等形式,能够更深入地了解学前教育工作的实际情况,培养实际问题解决能力,提高实际操作水平,这种实践性的培养使学生在毕业后更能迅速适应实际工作环境,更好地为幼儿提供优质的学前教育服务。

第四,高校学前教育专业学生的服务能力培养也为该专业的发展提供有力支持。学前教育专业是一门复合性较强的专业,需要学生具备扎实的专业知识和实际操作技能。通过高水平的能力培养,不仅可以提高学前教育专业的整体素质,还可以为相关专业领域的创新与发展注入新的活力。学前教育专业学生所具备的能力在实际工作中得以展现,不仅能够提高专业的社会声誉,还为该专业的未来发展提供更多的发展空间。

总而言之,高校学前教育专业的学生服务能力培养也逐渐注重个性化发展。每个儿童都是独特的个体,对于学前教育专业的学生而言,理解并尊重儿童的个体差异是非常重要的。因此,高校学前教育专业学生应对儿童的个性化需求的敏感性有所认识,帮助他们学会运用不同的教育方法和策略,成为适应不同儿童特点的优秀学前教育专业人才。

第二章 高校学前教育专业学生能力培养的模式构建

第一节 高校学前教育专业学生能力培养的目标

当下,我国各所高校学前教育专业的培养目标大多显得比较抽象,例如,其定位通常是培养幼儿教育机构从事保教管理和研究工作的教师,以及幼儿师资培训部门,学前教育行政管理部门,各种儿童教育与康复机构和广播、电视、图书出版部门等从事儿童教育、科研、康复、宣传、培训工作的高级复合型人才。

一、高校学前教育专业学生的合格型培养目标

合格型培养目标是指符合人才培养方案中预定的培养标准或培养规格,学前教育学生的合格型培养目标即是指学前教育专业学生通过接受高校阶段的系统培养,在其毕业时从知识、技能、身体等素质层面达到人才培养方案中预期的培养标准或培养规格。

(一)草拟学前教育专业学生的应备素质

从教师专业发展的视角来看,学前教育专业学生的应备素质理应与幼儿教师的应备素质相似,为此,草拟学前教育专业学生的应备素质可以借鉴幼儿教师的应备素质。

1.身体心理素质

在学前教育领域中,我们非常注重身体心理素质的概念,这里所指的身体健康和心理健康,对于即将成为幼儿教师的学生而言,都是他们未来职业发展中不可或缺的素质。首先,身体健康,也被称为体质,是人体健康水平和对外界环境适应能力的综合体现。一个健康的身体是进行各项活动的基石,确保个体能够正常、有效地参与到各种活动中去。其次,心理健康,则是从人的心理层面出发,强调在特定社会文化环境中,通过与环境的互动形成的符合社会要求的自知、自控以及协调和平衡能力。对于教师这个职业来说,心理健康状况对其工作效率有着

显著的影响，特别是对于学生的心理健康状况。

此外，对即将成为幼儿教师的学生而言，他们的心理健康状况对幼儿的影响尤为深远。因此，从专业发展的角度来看，学前教育专业学生在身体素质方面应具备仪表端庄、精力充沛、生理适应性良好的特点；而在心理健康素质方面，他们应具备智力正常、人格健全、心境良好、性格良好的特质。

2. 思想道德素质

思想道德素质是教师职业的核心特征，它涵盖了教师职业道德、教育理念、价值观念等多个方面。教师的职业道德是他们在从事教育工作中应遵循的行为规范和准则，它体现了教师对教育事业的热爱和对学生的关爱。教师的思想道德素质不仅影响他们的教育教学效果，还对学生的成长和发展产生深远的影响。

为了更好地履行教书育人的职责，教师需要具备正确的世界观、人生观和价值观，热爱教育事业，热衷于教师职业，崇尚教师伦理。同时，他们还需要具备高尚的道德情操和优秀的政治思想，能够以身作则，为学生树立良好的榜样。

对于学前教育专业学生来说，他们作为未来的幼儿教师，更应该注重思想道德素质的培养。他们需要具备正确的教育理念，关注儿童的全面发展，注重培养儿童的品德和情商。同时，他们还需要具备高尚的职业道德和良好的职业素养，为儿童的成长和发展提供良好的教育环境。

3. 专业理念素质

理念是行为的先导。专业理念是完成专业行为的基础。此处的专业理念特指从事幼儿教师职业而需要的理念，简称幼儿教育理念。幼儿教育理念是对幼儿教育现象及幼儿教育问题所持有的看法和态度。幼儿教师是幼儿教育活动的设计者、组织者、实施者和管理者，其教育理念不同，则伴随的教育态度与教育行为就有所不同，从而引发的教育效果就会不同。此外，在新的历史时期下，一名准幼儿教师应该具备现代的教育目的观、先进的终身学习观、正确的游戏观、科学的课程观、爱的教育理念、积极的创新意识、多元的教育评价观及正确的教育质量观。

4. 专业知识素质

专业知识素质是从事任何社会角色所必需的先决条件，对于从事教师职业活动的人来说，专业知识更是必备的资格和条件。因此，学前教育学生必须具备扎实的专业知识素质，包括现代的学前教育理论性知识、合理的相关学科知识、先进的学前教育实践性知识、足够的条件性知识以及广博的普通文化知识。这些知识是他们未来从事教育工作所必需的基础，也是他们提升自身教育水平的重要保障。

5.专业技能素质

专业技能素质是指专业人员在其职业领域中，通过学习和实践所获得的专门技术能力。这种能力是以人的生理和心理素质为基础，在认识和实践活动中形成并发展的，是完成特定任务所需的能动力量。对于幼儿教师来说，其专业技能素质体现在教育、教学、教研和保育等职业活动之中。首先，幼儿教师的“教育”技能对其教育效果具有重要影响，不仅直接关系到幼儿的品格和智力发展，还间接影响幼儿的学习动机和学习成效。因此，作为一名学前教育专业学生，必须具备相应的教育技能。其次，幼儿教师的“教学”技能是教学活动得以顺利进行和成功实现的根本保证。具备教学能力是成为一名合格教师的最低要求，也是教师自我发展、不断走向专业成熟的先决条件。此外，幼儿教师的“保育”技能是维护与促进幼儿生理正常发育与身体健康发展的前提保障。因此，作为一名学前教育专业学生，必须具备一定的保育技能。

综上所述，对于准幼儿教师来说，应具备的条件性技能、教学基本技能、人际沟通技能、班级管理技能、课堂教学技能、自我发展技能、课程开发技能、保育技能、环境创设技能以及游戏设计技能都是必不可少的。这些专业技能素质将有助于他们更好地履行职责，为幼儿的成长和发展做出积极贡献。

（二）确定学前教育专业学生的应备素质

为了确定学前教育专业学生的应备素质，以之明确学前教育专业学生的培养标准，即学前教育专业学生的培养目标，主要涉及身体心理素质、思想道德素质、专业理念素质、专业知识素质、专业技能素质。

1.身体心理素质

身体心理素质维度主要应该包括仪表端庄、精力充沛、生理适应性良好、智力正常、人格健全、心境良好等方面的素质。

(1)仪表端庄。幼儿教师的仪表端庄是建立良好人际关系的不可或缺的要素。外表的清爽与举止的端庄是美的仪表的体现，包括仪容、外表、举止、身材、皮肤等方面。对于幼儿教师而言，这不仅是职业操守的一部分，更是传递正面形象、树立教育权威的关键。因此，他们应当注重细节，从清爽的外表到端庄的举止，再到匀称的身材的塑造，塑造一个得体、庄重的形象，以此奠定与学生、家长和同事的良好沟通基础。

(2)精力充沛。精力充沛是幼儿教师职业特点所带来的挑战中的一项重要需求。其责任之重和工作之忙累需要长期超负荷的劳动，而这并非简单可重复的体力活动,而是需要面对多样性的创造性劳动。为了应对这一挑战,幼儿教师需要不断挖掘潜力,保持精力充沛。这不仅是对个体身心素质的考验,更是对其职业素养和创造力的挑战。因此,保持精力充沛不仅关乎个体的身心健康,也直接影响到教学质量和师幼关系的发展。

(3)生理适应性良好。生理适应性良好是幼儿教师应对职业压力的重要方面。他们需要具备适应自身生理变化、调节心理与行为问题的能力。长期超负荷的劳动可能导致生理功能的紊乱,因此生理适应性对于幼儿教师的职业至关重要。缺乏这种适应性将难以长期从事幼儿教师这一特殊职业。因此,幼儿教师需要通过科学的生活方式、适时的休息调整来维持良好的生理适应性,以更好地应对职业带来的压力。

(4)智力正常。智力正常对于幼儿教师的多方面能力发展至关重要。智力是个体社会适应的心理基础,直接关系着幼儿教师建立和谐的师幼、同事、师长关系。教育教学活动的开展离不开智力的支持,而正常的智力水平直接关系到保教活动的能力、自我提高的能力以及教育教学质量水平。因此,幼儿教师应当注重自身智力的提高,通过不断学习、积累经验,提高教育素养,为更好地履行职责打下坚实的智力基础。

(5)人格健全。人格代表着个体独特且稳定的心理特征,其中包括态度和行为方式。具备健全人格的幼儿教师能够准确地自我认知、体验自我并接纳自我,充分挖掘自身优势与潜能。在保教活动中,他们能够发挥自身长处,避免短处,从而不仅使自身心理免受挫折,保持良好的工作状态,还能直接提升保教活动的成效。

(6)心境良好。心境良好通常是指人的内心状态比较平静、愉悦,没有过多的烦恼和压力,能够以积极乐观的态度面对生活中的挑战和困难。这种美好的心境来源于内心的安宁、自我满足、生活的幸福感、与他人的互动等多方面因素,可以提升人们的情绪和幸福感,促进身心健康。心境良好的个体具有健康的心理素质。心理健康对个体的发展具有广泛的影响力,良好的心理健康有助于个体应对职场压力、生活困境和内心矛盾。从而,个体能够减轻紧张感、克服焦虑、保持乐观,并避免自卑,维持理想的心理状况,提高工作效率。对于以心灵塑造为职业的教师而言,其心理健康状况也会影响学生,使整个教学环境充满愉悦,进而提高教学质量。因此,对于准幼儿教师而言,要保持良好的心境,维持自身的心理健康,以实现理想的保教效果。

2.思想道德素质

学前教育专业学生在思想道德方面应该具备正确的世界观与人生观,应该热爱幼儿教育事业、热衷幼儿教师职业、恪守教师伦理，应该具备先进的政治思想以及高尚的理想情操等素质。

（1）正确的世界观、人生观与价值观。世界观是人们对世界各种现象和事物的总的看法，是人们对世界的本质和各种关系以及世界上的一切事物的根本观点，包括社会观、自然观以及伦理观、审美观等。每个人都有各自不同的世界观。一方面，由于人们社会实践水平、历史发展阶段、知识结构以及思维方式的不同，认识会有所不同，世界观因而也有差异；另一方面，人们因其根本利益、社会地位以及对社会发展、人生追求的看法和态度有所不同，而形成不同的世界观。人生观是一个人对人生目的和意义的根本看法和态度，人生观是世界观在人生领域的一种延伸、一种体现，是世界观的重要组成部分，是世界观在人生问题上的体现。一般而言，人生观主要回答人为何活着，以及人生的意义、价值、目的、理想、信念、追求等问题。人生观的基本内容包括幸福观、苦乐观、荣辱观、友谊观、道德观、审美观、公私观、恋爱观等。价值观是人们对事物有无价值和价值大小的一种认识和评价标准，是人生观的集中体现。价值观回答值不值的问题，就是回答这件事这样做有没有价值、价值大小的问题。一个人的价值观在某种程度上反映了一个人的人生观，也反映了世界观，直接制约着人们的思想和行为。世界观、人生观、价值观是一个有机的整体，有怎样的世界观就有怎样的人生观和价值观，人生观、价值观是世界观的重要组成部分，又是世界观的具体体现。

（2）热爱幼儿教育事业。从幼儿教师职业特点来看，幼儿教师职业是一个需要持续奉献、不断钻研、勤于思考、坚持创新的职业。学前教育专业学生从一名准幼儿教师发展成为一名合格乃至优秀的幼儿教师，必然需要经历许多磨炼、挫折乃至失败，如果缺乏较高的职业成就动机和浓厚的职业兴趣，那么将很难避免职业倦怠的出现。一旦出现职业倦怠，将很难继续追求自己的专业发展。只有对幼儿教师事业由衷地热爱，才能不断抵御各种原因导致的职业倦怠，才能有信心、有勇气、有斗志去克服专业发展过程中的各种障碍、阻力与挫折，因而才能视幼儿教育事业为一项神圣的事业，从而为了幼儿教育事业的蓬勃发展而甘当“春蚕”“人梯”和“蜡烛”。

（3）热衷幼儿教师职业。如果一个人对自己正在从事的职业没有高度的认同感，就很难产生热爱自己的职业和忠于自己的职业的敬业精神和精业信念，因而一旦遭遇困难、阻力与挫折时，将会产生灰心、痛苦、懊恼、浮躁等情绪，接着将会出现严重的职业倦怠。显然，只有热衷幼儿教师职业，才能对幼儿教师职业怀有较高的认同感，才能做到出于教育情怀和职业理想而选择幼儿教师职业。

(4)恪守幼儿教师伦理。幼儿教师伦理是在保教活动中所遵循的一系列道德准则,被认为是一项专业伦理,也被称为职业道德。这一伦理框架主要涵盖了爱心、责任感和公正三个方面的职业道德原则。爱心被视为教师对学生发自内心的关爱之心,被认为是建立良好师幼关系的基石。这种真挚的情感连接有助于形成安全、亲密的教学环境,为幼儿提供更好的学习体验。责任感是幼儿教师伦理的重要组成部分,表现为幼儿教师对教育事业的责任担当。这意味着幼儿教师需要积极主动地承担起教书育人过程中的各种责任,全身心地投入培养幼儿的过程中,以确保他们得到充分的关注和指导。公正是伦理体系中的关键元素,要求幼儿教师在教育教学过程中坚持公平和正义。这包括对所有幼儿一视同仁,保障每个幼儿平等享有各种教育资源的权利和机会。具备这些职业道德的幼儿教师不仅能够为教育事业的蓬勃发展做出贡献,还能够不断提升自己的专业水平。这是因为这些道德准则不仅仅是为了确保幼儿的全面发展,同时也是为了促进幼儿教师自身的成长和进步。

(5)高尚的理想情操。理想是人们在实践过程中形成的、有实现可能性的、对未来社会和自身发展的向往与追求,是人们的世界观、人生观和价值观在奋斗目标上的集中体现。对现状永不满足、对未来不懈追求,是理想形成的动力源泉。情操是情感和操守的结合,是一种由感情和思想综合起来的、不轻易改变的心理状态。例如,求知欲、爱国心等就是一种情操。毋庸争辩,作为保教活动的关键主体,幼儿教师理应具备高尚的理想情操。

3.专业理念素质

学前教育专业学生应该具有现代的幼儿教育目的观、坚定的终身学习观、正确的游戏观、科学的儿童观、先进的幼儿课程观、执着的教育爱、自觉的创新意识、多元的幼儿教育评价观以及现代的幼儿教育质量观等专业理念。

(1)现代的幼儿教育目的观。教育的目的在于个体在实践活动之前,在大脑中形成有关该活动过程及结果的观念或表象,是教育理论中最具根本性的问题,是教育活动的出发点、依据和归宿,对教育工作有全程性的指导作用。教育目的有广义和狭义之分,广义的教育目的是指人们对学习者的期望,即人们希望受教育者通过教育在身心诸方面发生什么样的变化,或产生怎样的结果。狭义的教育目的即国家教育目的,是国家对各级各类学校人才培养规格的预期设想。

教育目的的层次结构,由高到低可分为四个层次:国家教育目的、学校培养目标、课程目标和教学目标。这四个层次由高到低,逐步具体化,使得教育的实施具有明确的方向和具体的指导。国家教育目的是最顶层的教育目的层次结构,反映的是国家或社会的教育理想和期望。学校培养目标更加具体化,是各级各类学校具体培养目标,是国家教育目的的具体化。课程目标关注的是具体的课程设计和教学计划,是基于学校培养目标而设定的,通过具体的课程内容来达到学校培养学生的目标。教学目标是最具体的层次,与教师的教学实践直接相关,是某一课程或某一节课中,教师期望学生达到的学习成果。这四个层次的目标各有侧重,从宏观的教育理想到微观的教学实践,共同构成了教育的目的的完整体系。这样的层次结构有助于确保教育的实施既有宏观的指导,也有具体可操作的细节,从而保证教育的质量和效果。教育目的的层次结构为教育目的的界定提供了更清晰的框架。

教育目的观主要分为个人本位论、社会本位论、文化本位论和生活本位论,其中个人本位论和社会本位论的影响最为显著。传统上,社会本位论一直占据主导地位,主张教育的根本目的是为社会培养所需的人才。然而,近年来有不同的声音,认为教育的根本目的应当是促进学生的全面发展,而不仅仅是满足社会发展的需要。这一观点强调了个人与社会之间的对立统一关系,将个体的发展置于至关重要的位置。

在这个背景下,幼儿教育的目的显得尤为重要,应该基于幼儿的身心发展,同时兼顾社会政治、经济和文化的客观需求,避免本末倒置。这意味着幼儿教育的目标不仅仅是培养符合社会需求的人才,更应注重促进幼儿在身体、心理和社交方面的全面成长。对于幼儿教师而言,确立现代教育目的观至关重要,因为这将直接影响到整个教育活动的过程和最终取得的成果。因此,教育目的的理解不仅仅是理论层面上的问题,更是涉及教育实践的方方面面。教育者需要认识到教育目的的多层次性质,既要考虑国家对人才培养的期望,也要关注个体的全面发展。在这个过程中,个人本位论和社会本位论的辩证统一成为一个关键点,教育者需要在培养社会需要的同时,保障个体的权益和全面成长。

在教育目的的选择上,社会本位论在传统上占据主导地位,但在现代社会中,越来越多的声音呼吁更加关注个人的发展。教育者需要在这两者之间找到平衡点,以确保培养出符合社会需求的人才的同时,不忽视个体的差异和需求。特别是对于幼儿教育而言,更要以儿童的身心特点为依据,结合社会的实际需求,科学设定教育目标,确保幼儿在快乐成长的同时能够胜任未来的社会角色。因此,对于教育者来说,不仅需要理解不同教育目的的观点,更需要在实际操作中灵活运用,以实现个体和社会的共同发展。

(2)坚守终身学习理念。终身学习是指社会成员为适应社会进步和个人发展需求,在人生旅程中不断展开的持续学习过程。在当今时代,学习不再是一蹴而就的,而是需要持之以恒的。作为一名准幼儿教师,应当以身作则,成为终身学习的践行者。只有不断充实自己的知识储备,提升自身的专业素养,才能更好地承担起教育幼儿的重任。此外,终身学习还包括不断反思和改进,以适应教育理念和教育方法的变化,为幼儿提供更加优质的教育服务。

(3)树立正确游戏观。游戏作为一种寓教于乐的活动,是幼儿园教育的重要手段。通过组织游戏活动,可以促进幼儿智力与体力的全面发展,塑造他们独特的性格。幼儿教师须具备正确游戏观念,才能摒弃对“游戏”的简单认知,进而自觉且精心地筹划幼儿游戏活动。在游戏活动中,教师应关注幼儿的需求,确保游戏的教育价值得到充分发挥。同时,教师还需关注游戏的安全性,确保幼儿在愉快的游戏氛围中健康成长。

(4)科学的儿童观。儿童观是指人们对儿童的看法和态度,即儿童是什么,怎么看待儿童,把儿童看成怎样的人,对儿童采取怎样的态度等。幼儿教师具有怎样的儿童观,就会采取怎样的教育方式与措施对待幼儿。显然,幼儿教师的儿童观决定着幼儿教育的方向和质量。科学的儿童观是以儿童身心发展的基本规律为出发点,以社会发展的需要对社会未来一代的期望为引导,它反映了现代人自我意识的发展水平,反映了时代的发展需要。毋庸置疑,学前教育专业学生理应具有科学的儿童观。

(5)先进的幼儿课程观。课程观是对课程的多维度、深层次理解,包括课程的定义、编制、实施与评价等方面。在幼儿教育领域,先进的课程观强调教育内容应符合幼儿的认知规律,与他们的日常生活紧密相连,以激发其兴趣并促进其全面发展。根据这一理念,幼儿学习的内容应与教育目标相符,对幼儿的全面、健康、和谐发展具有积极影响。此外,这些内容应是当前或未来生活、学习所必需的,对幼儿基本素质发展具有重要价值。更为重要的是,幼儿学习的内容应能转化为他们的实践活动,体现其年龄特点,并与他们的生活经验相联系。同时,这些内容之间应具有内在逻辑联系,以激发幼儿的学习兴趣。只有明确“幼儿园课程并非目的,而是促进幼儿发展的手段”这一观念,幼儿教师才能避免违背幼儿学习特点与规律的行为,从而更有效地促进他们在情感、态度、能力、知识、技能等方面的全面发展。

(6)执着的教育爱。教育的灵魂是教育爱。所谓教育爱,是一种对教育事业的热爱,是一种对学生的关爱,是一种教育人道主义精神。教育的真谛是爱。这种爱是关心、帮助、给予、奉献,是理解、体谅、尊重,是义务、责任、原则,是博大的、理性的、公平的、高尚的爱。高校学前教育专业学生作为准幼儿教师,理当具备这种教育爱。

(7)自觉的创新意识。高校学前教育专业学生作为准幼儿教师必须具备自觉的创新意识,原因主要有以下两个方面:一方面,当今时代,国与国之间的竞争表面上是科技的竞争,归根结底乃是人才的竞争,其中,创新型人才的数量与质量决定着国家的综合竞争力。教师是教育的主要承担者与实施者,培养创造型人才理当是教师义不容辞的责任。毋庸争辩,要培养创新型人才,教师必须至少具有创新的意识,否则,难以担当为国家培养创造型人才的重任。另一方面,在教师专业化的背景下,无论是哪种类型、哪种学段的教师,若要获得职业上的专业地位,必须具有创新意识。

(8)多元的幼儿教育评价观。幼儿教育评价是一个涵盖多个维度的复杂概念,它旨在评估幼儿保教活动的质量。评价的焦点在于幼儿,因为保教质量最终体现在幼儿的发展上。因此,本书重点探讨现代的幼儿评价观念。

幼儿评价是对幼儿的学习品质、个性发展、品德状况、体质体能等方面的价值判断,这种评价是由评价者依据一定的价值标准进行的。从评价主体来看,传统的幼儿评价主要由幼儿教师进行。教师作为保教活动的直接实施者和幼儿学习的指导者,他们能够将保教目标与评价目标相结合,从而提高保教质量。此外,教师与幼儿的频繁接触使他们更了解幼儿的个性、特长及能力差异,从而使评价结果更为客观。然而,现代幼儿教育评价观念认为,除了教师,家长和同伴也是评价的重要主体。在评价过程中,应结合教师、家长和同伴的评价,以更全面地了解幼儿。从评价形式来看,传统的幼儿评价主要采用终结性评价,而现代观念则强调形成性评价,以促进幼儿的发展而非仅对结果进行鉴定。在评价方式上,现代观念主张采用多种方式,如考试考查、实验观察、实习作业等,而不仅仅是单一的方式。在评价方法上,现代观念更注重非正式评价、口头评价和观察评价。在评价内容上,现代观念突破了传统上仅关注智力的局限,将健康、社会性、情绪情感等多个方面纳入评价范围。

(9)现代的幼儿教育质量观。传统上,幼儿教育质量主要甚至唯一体现在智育层面。显然,传统的幼儿教育质量观是建立在幼儿片面发展(智育)之上的。然而,从幼儿发展的视角来看,幼儿教育的根本目的是促进幼儿的全面发展,而不是局限于提高幼儿的智育水平。不言而喻,苏霍姆林斯基认为,要实现全面发展,就要使智育、体育、德育、劳动教育和审美教育深入地相互渗透和相互交织,使这几方面教育呈现为一个统一的完整过程。在应试教育现象依然凸显的当下,作为一名学前教育专业学生,理应牢固树立全面发展的幼儿教育质量观,始终坚持幼儿全面发展的原则，以幼儿的全面发展作为评价幼儿教育质量水平高低的根本标准。

4.专业知识素质

(1)现代的学前教育理论性知识。理论是实践的指南。理论性知识是指概括性强、抽象度高、具有普遍意义的知识。学前教育理论性知识是指学前教育领域中概括性强、抽象度高、具有普遍意义的知识。对未来从事学前教育工作的毕业生来看，理应具备学前教育的理论性知识。由此可见，这些理论性知识主要包括学前教育学、学前儿童发展心理学、学前教育心理学、学前教育研究方法、中国教育史、外国教育史、学前卫生学、学前游戏论、学前儿童健康教育、学前儿童语言教育、学前儿童科学教育、学前儿童社会教育、学前儿童艺术教育等。

(2)合理的相关学科知识。幼儿园课程目标旨在促进幼儿身心全面、和谐地发展，包括幼儿身体、认知、语言、情感以及社会性等方面的发展。其相应的课程内容包括日常生活、体能锻炼、语言、数学、科学、社会、音乐、美术等学习范围或者健康、语言、认知、社会、艺术等学习领域。对学前教育专业学生而言，要想胜任幼儿园的保教活动，仅仅掌握学前教育专业人才培养方案中开设的一些必修课是不行的，必须通过选修的方式，学习一些相关学科的课程，如家政学、生理学、营养与保健、幼儿艺术作品欣赏、幼儿戏剧应用与开发、幼儿教玩具设计与制作等。

(3)初步的学前教育实践性知识。教育实践性知识是一种“缄默知识”，是教师在教育实践过程中不断反思与总结个人或他人的成功经验和失败经验后体悟出来的经验性知识。教师的教育实践知识诞生于实际教育情境，彰显着教师的教育实践智慧与独特的教育风格。此外，在实际教育教学中，教师的实践性知识对教师从新手转变成为一名成熟的专业人员，以及教育教学质量的提高起着决定性作用。此外，教师要想最大限度地提高自己的教育教学成效，必须尽可能地不断积累自己的教育实践性知识，逐步丰富自己的教育实践性知识，教师积累教育实践性知识的过程就是向专家型教师发展的过程。对学前教育专业学生而言，由于缺乏实践经验，其教育实践性知识必然明显缺乏，但对一名合格的学前教育专业学生而言，其完全可以利用教育见习与教育实习的时机，直接或间接地获取诸多教育实践性知识。

(4)足够的专业性艺体知识。幼儿园的教学活动有一个明显不同于中小学的地方是，其教学主要是通过游戏的方式展开的。为了胜任幼儿园的游戏教学，教师至少应该具有体育、琴法、美术、音乐、舞蹈五类艺体专业中的某一类专业艺体知识。显然，合格的学前教育专业学生，理应具备足够的专业性艺体知识，否则，根本胜任不了幼儿园的教学工作。

(5)广博的通识性知识。普通文化知识即指通识文化知识,包括当代的科学技术知识和人文社会科学知识以及工具性学科知识和熟练运用的技能。作为一名幼儿教师,诚然不可能完满地回答幼儿所提出的全部问题,但是,如果一名幼儿教师具有广博的普通文化,就更可能引导幼儿对那些尚未能够圆满回答的问题进行有益的思考与有效的探索,同时培养幼儿对未知世界的发现欲望。

5.专业技能素质

学前教育专业学生在专业技能方面应该具备扎实的条件性技能、出色的幼儿教学基本技能、较强的人际沟通技能、初步的幼儿班级管理技能、初步的幼儿课堂教学技能、初步的保育技能、较强的幼儿课程开发技能、突出的自我发展技能、初步的幼儿园环境创设技能以及初步的游戏设计技能。

(1)扎实的条件性技能。扎实的条件性技能是构建教师职业基础的关键,又被称为教学潜质性技能。这类技能的突出表现包括敏锐的观察力、稳定的注意力、强大的记忆力、灵活的思维力以及丰富的想象力。

第一,观察力。教师需具备敏锐的观察品质,以深入了解每个幼儿的个性、特长和需求。首先,通过精细入微的观察,教师能够更全面地把握每个孩子的发展状况,为个性化教学提供坚实基础。其次,观察不仅仅是对孩子的个体了解,更是及时发现不良需求的有效途径。及时观察可以让教师在幼儿出现问题时迅速做出反应,提供相应的支持和引导,实现因材施教,促进幼儿全面发展。此外,新课程的要求使得具备观察品质的幼儿教师更加受欢迎。他们能够通过观察发现事物的本质特征和变化规律,更好地适应并应对教育领域的变革,为幼儿提供更富有创造性的学习体验。

第二,注意力。在当代社会,市场经济的影响深远,物欲横流,幼儿教师若不能保持专注于教育事业,很容易受到外界诱惑而随波逐流。因此,保持专注成为关键的职业素养。只有将精力集中于学科知识、教学技能和幼儿需求上,幼儿教师才能更好地发挥其专业优势,为幼儿提供更优质的教育服务。专注于教育事业不仅能够增强幼儿教师的职业价值感,还有助于提升教学质量,培养出更具有社会责任感的下一代。

第三,记忆力。较强的记忆力对于保障高效的教学和保教效果至关重要。教师需要快速准确地掌握大量的五大领域课程活动内容,而强大的记忆力能够在备课过程中事半功倍。记忆力有助于教师迅速熟记每个幼儿的个性、喜好和需求,从而更好地应对不同学生的差异性。同时,通过快速、准确地记住每个幼儿的信息，教师能够促进融洽的师幼和师长关系，建立起更紧密的信任基础，有利于更有效地处理各种教育问题，共同促进学生全面成长。

第四，思维力。在面对具有主观意识的幼儿时，幼儿教师需展现出灵活的思维和较强的逻辑处理能力。这不仅要求教师能够理解幼儿的个体差异，更需要他们能够巧妙运用教材，同时不受其限制。在新的课程背景下，幼儿教师不仅需要熟练掌握教材，更要根据每个幼儿的知识基础和个性，巧妙地对教材进行加工处理，以更好地满足幼儿的学习需求。

第五，想象力。想象力丰富的教师在教学中能够设计生动活泼的课堂与游戏，有效地改善了书本知识的枯燥和抽象性。通过创意的课堂设计，他们能够让学习变得更加有趣，激发幼儿的学习热情。使用生动、形象的语言进行教学，不仅使知识更具体易懂，还能够激发幼儿的学习兴趣，使学习过程更加愉悦与有效。对于学前教育专业的学生而言，具备条件性技能是至关重要的。他们需要通过培养想象力、灵活运用教材的能力以及设计生动课程的技能，为未来的幼儿教育工作打下坚实的基础。

(2)出色的幼儿教学基本技能。教学基本技能是每位教师职业生涯中不可或缺的基础，其中口语、书写、信息和沟通技能成为构建教学基石的四大支柱。尤其对于幼儿教师而言，这些技能的重要性更加突出。在口语技能方面，一位出色的幼儿教师应具备清晰流畅、通俗易懂、准确精练甚至富有幽默感的表达能力。这不仅能够促进师生之间的有效沟通，更能提升幼儿获取信息的数量和质量。通过生动有趣的口语表达，教师能够引起幼儿的兴趣，激发他们对学习的主动性。书写技能在幼儿教学中同样扮演着重要的角色。流畅漂亮的“三笔一画”不仅令教学材料更具美感，也能激发幼儿对书写的兴趣。通过展示良好的书写技能，教师能够成为学生的学习榜样，培养幼儿对书写的积极态度。现代社会信息爆炸，信息技能更是每位教师必备的素养。这包括从多渠道获取有效信息和灵活运用多媒体技术。幼儿教师应具备快速准确地获取最新教育信息的能力，同时善于利用多媒体技术丰富教学手段，使学习更具吸引力，而沟通技能则是构建良好人际关系的关键。无论是与幼儿、同事还是家长之间的关系，良好的沟通技能都是成功教学和保教活动的重要保障。通过有效的沟通，教师能够更好地理解幼儿的需求，与同事协同合作，与家长建立起紧密的合作关系，共同促进幼儿全面发展。

(3)初步的幼儿班级管理技能。作为幼儿园保教活动的主导者，幼儿教师需要有效组织和调控保教活动，应对课堂中的“突发事件”。关键在于初步掌握班级管理技能，这需要通过教育见习、驻园研习与教育实习等环节来逐步习得。缺乏这些管理技能可能导致学前教育专业学生不能合格毕业,因此,这些技能对于幼儿教师的初步职业发展至关重要。

(4)初步的幼儿课堂教学技能。幼儿教师的课堂教学技能直接影响教学成效和幼儿园的保教质量。这是一项必备的关键技能,其体现主要在引导幼儿掌握知识、积极思考以及运用多种策略解决问题等方面。从教学活动的角度来看,幼儿教师的教学监控能力显得尤为重要。这一能力涵盖了在整个教学过程中对教学活动进行计划、检查、评价、反馈、控制和调节的各个方面。

教学监控能力的强弱直接影响到教学的质量。一位教学监控能力强的幼儿教师能够科学合理地计划教学活动,不仅在教学过程中有意识地监察和评价,还能提供有针对性的反馈。更为出色的是,这样的教师甚至能够因应不同的班级教学环境和幼儿需求,灵活地调节、校正并自我控制教学过程。这种能力的体现不仅是对教学的实时把控,更是对教学活动的深度思考和精准应对的体现。教学监控能力被认为是教师从事教育教学活动的核心要素,是现代教师应该具备的核心素质之一。

(5)初步的保育技能。幼儿教育同时兼有保育和教育两个方面。对幼儿教师来说,不仅需要具有一定的教育技能,而且还需要具有一定的保育技能,否则,难以胜任幼儿教师职业。对学前教育专业学生而言,尽管因实践经验积累不够而很难具有突出的保育技能,但至少应该通过教育见习、驻园研习与教育实习等环节掌握初步的保育技能,否则,是不能合格毕业的。

(6)较强的幼儿课程开发技能。课程开发就是指借助学校教育计划、课程的实施与评价,以改进课程功能的活动的总称。由此可见,课程开发涉及课程的诸多方面。不过,对教师来说,最关键、最直接、最可行、最必要的课程开发是课程资源的开发。所谓课程资源,是指形成课程的要素来源以及实施课程的必要而直接的条件,具体而言,是指课程设计、课程组织、课程实施、课程评价等整个过程中一切可以利用的人力、物力、财力及自然资源等的总和。在新课程背景下,课程资源早已超越了传统教材的范畴,教师与学生本身的经验、教室、实验室、校内外的各种活动、图书馆、科技馆、博物馆、乡土资源、家庭资源、网络媒体、广电媒体等都属于课程资源。作为新课程背景下的幼儿教师,理应具有开发这些课程资源的技能。

(7)突出的自我发展技能。幼儿教师的教学反思技能、终身教育技能及自我心理疏导技能是自我发展技能的主要组成部分。教学反思是指教师对自身教学活动进行理性审视,以解决教学过程中的问题,对于教师的专业成长具有重要意义。随着科学技术的快速发展，知识更新迅速，幼儿教师需要不断自我更新知识，进行自我教育，以适应时代的要求。因此，具备终身教育技能是教师不可或缺的素质。此外，在各种社会背景下，幼儿教师的职业压力日益增加，因此，具备良好的自我心理疏导能力对于维护身心健康和促进幼儿教育事业的发展至关重要。

(8)初步的幼儿园环境创设技能。幼儿园环境创设技能是指幼儿教师根据幼儿园实际情况、幼儿教育规律和幼儿身心发展规律，挖掘和利用环境中的有利因素，创设促进幼儿身心发展的场景的技能。这项技能是当前幼儿教师必备的技能之一，对于准幼儿教师来说更应该掌握。学前教育专业学生应该充分利用理论学习与实践教学，获得初步的幼儿园环境创设技能，以适应未来工作的需要。

(9)初步的游戏设计技能。游戏教学是幼儿教学的主要形式，游戏设计是开展游戏教学的前提。因此，对于幼儿教师来说，具备游戏设计技能是非常重要的。虽然学前教育专业学生可能缺乏实践经验，但他们应该利用相关理论课程的学习及教育见习与教育实习的机会，掌握初步的游戏设计技能，以更好地适应未来工作的需要。

二、学前教育专业学生的胜任型培养目标

学前教育专业学生的胜任型培养目标是指，学前教育专业学生通过接受在校阶段的系统培养，在其毕业时从知识、技能、身体等层面达至胜任型学前教育工作者尤其是胜任型幼儿教师素质水平的培养标准。由此出发，本书将学前教育专业学生的胜任型培养目标视为幼儿教师的胜任型特征。

在幼儿教育领域，幼儿教师的胜任力至关重要，其关键因素主要包括人格魅力、专业素养、育人导向和职业承诺。首要的是人格魅力，它被认为是影响幼儿教师整体胜任力的根本因素。人格魅力构建在专业素养之上，后者是胜任力的关键组成部分。此外，育人导向和职业承诺也是决定胜任力结构的关键要素，体现为结果体现。这种内在逻辑关系表明，人格魅力是胜任力的基础，专业素养是基础，而育人导向和职业承诺则是这一结构的结果体现。

第一，强调教师师德风尚。在幼儿园教育的重要使命中，教师的师德风尚显得尤为关键。幼儿教师不仅是知识的传递者，更是孩子们的榜样。为此，他们需要遵守“为人师表”“以身作则”“循循善诱”等师德规范，将人性光辉和令人钦佩的人格魅力融入教育中。这种积极的师德影响着幼儿的成长轨迹，直接影响着教育事业的持续发展。

第二，关注幼儿成长发展。核心的幼儿园教育理念在于促进幼儿的全面成

长和支持他们的发展。为实现这一目标，幼儿教师需要创造轻松、愉快、同时又富有刺激的教育环境。理解并尊重幼儿的天性、身心发展规律和需求是至关重要的。只有在这种基础上，教师才能真正促成孩子们的成长发展，培养他们的兴趣和潜能。

第三，强调幼师勤学广才。为了更好地应对幼儿的独特性，幼儿教师需要不断提升观察、解读和行为管理能力。这涉及对幼儿发展的深刻理解，需要教师在专业领域保持广泛的知识面。教师的自身才学修养同样至关重要，通过学习和实践的不断进步，他们方能更科学地完成保教幼儿的重要使命。

第四，鼓励幼师长期从业。为了建立稳固的“心理合同”，幼儿教师职业承诺尤为重要。培养教师积极的专业自我认同感是长期从业的关键。因此，提倡“以幼教光荣职业、以幼教终身事业”的条件和氛围，能够为幼儿教师创造一个充满快乐和成功的工作和职业生涯环境。这样的鼓励有助于吸引更多优秀人才加入幼儿教育事业，推动整个领域的可持续繁荣。

第二节 高校学前教育专业学生能力培养的课程设置

课程设置是课程总体规划，它依据一定的培养目标选择课程内容，确定学科门类及活动，确定教学时数，编排学年及学期顺序，形成合理的课程体系。课程不仅是培养人才的蓝图，而且是培养人才的养料。不言而喻，课程设置在专业人才培养模式中占据着重要的地位，课程设置的合理性程度决定着人才培养质量的水平。合理的课程设置主要是指合理的课程结构及合理的课程内容。合理的学前教育专业课程结构是指，学前教育专业所设置的各门课程之间的结构合理，体现为开设的课程门类、各门课程设置的先后顺序合理有序；合理的学前教育专业课程内容是指，学前教育专业所开设的各门课程的内容安排不仅符合学科知识的逻辑及学前教育专业学生的身心逻辑，而且能够体现相关学科的知识前沿及未来方向。

一、高校学前教育专业学生能力培养课程的设置原则

学前教育专业的生源主要有两类群体：一类为参加普通招生考试的普通类高中毕业生（简称普通生）；另一类为参加艺术类招生考试的艺术类高中毕业生（简称艺术生）。由于两类生源在文化理论基础知识和艺术技能基础知识两个方面的差异较大，因而其课程设置的差别也很大。其中，生源为普通生的学前教育专业学生以往培养目标因主要定位为幼儿师范学校、中等职业学校教育类

学科的师资和科研人员,因而不仅教育学科类课程及大学英语等课程的课时数比例很大,而且在专业教育课程的设置上,也以教育学科类课程(含普通心理学、幼儿心理学、教育心理学等心理学课程)及其他理论课程为主,艺术类课程和实践类课程所占比例很少。随着社会的不断发展进步,社会对学前教育专业人才学历要求有所提高,现今幼儿园对幼儿教师的招聘需求逐渐发展为本科以上。生源为普通生的本科学前教育专业学生培养目标主要定位为幼儿园一线带班教师和教学辅助人员,因而在专业课程的设置上需专业理论课程与艺术类、实践类课程并重。

而生源为艺术生的学前教育专业学生培养目标因主要定位为幼儿园一线带班教师、艺体等专项教学教师及幼儿教辅机构工作人员,因而不仅教育学科类课程及大学英语等课程的课时比例较小,而且在专业教育课程的设置上,艺术类课程和实践类课程所占比例较大,教育学科类课程及其他理论课程所占比例较小。

(一)人本课程与社本课程相结合的原则

人本课程即以人的发展为本位的课程,其出发点是促进人的发展,社本课程就是以社会发展为本位的课程,其根本指向是促进社会发展。就学理而言,教育的本质是一种培养人的活动,其最高追求应是促进人成"人"而不是促进人成"才",尽管促进学生"成才"本是教育所追求的目标,但教育在促进学生"成才"之前首先应促进学生"成人"。由于学生的兴趣、个性、能力及需要等都各不相同,因而教育应以生为本,根据人性化的发展需要,在尊重学生的兴趣差异、个性差异、能力差异及需要差异等情况下,给予每个学生充分而全面的教育。

因此,在设置学前教育专业课程时理应考虑职前幼儿教师(下文也称幼儿教师教育专业学生)的个性与特长发展需要。当然,在课程设置上也要考虑社会的现实需要。一方面,教师教育专业的育人理念、教育目标、教育内容、相关教材、教学方法等都随社会发展的需要而产生了较大变化;另一方面,学前教育专业师范生毕业之后的教育教学实践活动必然与整个社会的经济、政治及文化的发展密切相关,因而,在课程设置上必然不能片面追求人的发展。

(二)艺术课程与保教课程相结合的原则

艺术课程即艺术类课程。对学前教育专业师范生而言,艺术类课程主要是指音乐、美术、舞蹈等艺术类课程的总称;保教课程即有关保育与教育类的课程,泛指为提升学前教育专业师范生的教育教学理念与保育理念,为增进学前教育专业师范生的教育教学知识与保育知识,为提高学前教育专业师范生的教育教学能力与保育能力等而开设的所有课程之总和。幼儿园是一种保育与教育并重的学校，除了通过教育活动给予幼儿基本知识与提升幼儿基本能力外，保育工作是幼儿园教育工作的一个重要部分。学前教育工作的目标之一就是照顾好孩子的健康，使他们快乐成长，为家长解除后顾之忧，因此，幼儿园工作是以保育为首、保教并重，且在课程设置中注重一定比例的教育类课程与保育类课程。当然，由于幼儿教育教学活动是一种以游戏为主要形式的活动，因而与中小学教师相比，它要求从事幼儿教师职业的人既要拥有怎样教及怎样教好某一领域课程的专业知识，又要求从事幼儿教师职业的人拥有艺术类知识。为此，学前教育专业具有不同于其他教师教育专业的独特性，它要求学前教育专业师范生既要具备基本的文化素质，同时还要具备基本的艺术素质，如音乐、舞蹈、绘画等基本的艺术素质。因而，在设置课程时，既应注重设置保教类课程，又应注重设置艺术类课程，如声乐、乐理、钢琴、形体训练、幼儿舞蹈、民族舞蹈、美术基础、儿童绘画、幼儿教师口语、幼儿故事讲述艺术等课程。

（三）理论课程与实践课程相结合的原则

理论课程主要是指学前儿童卫生学、幼儿心理学、学前教育学、幼儿园管理等理论课程；实践课程主要是指照顾儿童基本的饮食、睡眠、盥洗等日常生活的保育技能性课程以及说、写、做、弹、唱、画、跳、玩等组织教育活动的教育技能性课程。由于幼儿教师的教书育人活动是一项实践性非常强的社会活动，因而，对准幼儿教师来说，既要掌握教哪些知识及为何教的理论性知识，又要掌握怎么教及如何教的实践性知识。只有学好理论性课程，才能明了教哪些内容及为何教；只有学好实践性课程，才能明了怎么教及怎么教好。为此，在设置学前教育专业课程时，既要设置有关教育教学的理论性课程，又要设置有关教育教学的实践性课程，不能厚此薄彼。

（四）人文课程与科学课程相结合的原则

当今社会，越来越多的人逐步意识到，不仅科学精神与科学素养对人类社会的发展十分重要，而且人文精神与人文素养对人类社会的发展同样十分重要。由于人类的科学精神与科学素养及人文精神与人文素养主要是依靠教育塑造的，因而，作为教育的关键主体与直接实施者——教师，理应具备科学精神与科学素养及人文精神与人文素养。为此，在学前教育专业人才培养模式中，既要通过设置足够的科学课程以塑造学前教育专业师范生的科学精神与科学素养，也要通过设置足够的人文课程以塑造学前教育本科专业师范生的人文精神与人文素养。

（五）基础课程与专业课程相结合的原则

学前教育专业学生能力培养是一种培养“宽口径、厚基础、强能力”的幼儿教师职前培养模式。其中，“宽口径、厚基础”的培养主要是通过基础课程实现的，“强能力”的培养主要是通过专业课程实现的。所谓基础课程，即通识课程和学科基础课程的合称。通过开设基础课程，一是可以塑造学前教育专业师范生的综合素质；二是可以开阔学前教育专业师范生的学科视界；三是可以拓展学前教育专业师范生的专业口径；四是可以厚实学前教育专业师范生的专业基础。值得指出的是，无论是基础课程，还是专业课程，都能以必修课程与选修课程两种方式开设。

（六）必修课程与选修课程相结合的原则

必修课程即学生必须修读的课程，选修课程即学生可以选择修读的课程。必修课程分为公共必修课程与专业必修课程两种类型，其中，公共必修课程是指所有学生都必须修读的课程，专业必修课程是指某一专业的学生必须修读的课程；选修课程分为任意选修课程与限定选择课程，其中，任意选修课程是指学生可以根据自己的兴趣与需要任意选择修读的课程，限定选修课程是指学生在限定的课程中选择修读的课程。对学前教育专业师范生来说，必修课程的学习有利于他们掌握最基本的知识，习得最基本的技能，形成最基本的能力；选修课程的学习有利于他们掌握相关专业的知识与技能，拓展专业口径与学术视野。显然，在学前教育专业人才培养模式的课程体系中，理应保证选修课程与必修课程具有同等重要的地位。值得一提的是，一直以来，人们对学前教育的关注更多投向于3~6岁幼儿的教育和幼儿园教育，但从当下形式来看，学前教育已延伸到从生命产生即零岁开始的教育。

如今，现阶段“托幼一体化”的理念逐渐深入人心，亲子机构越来越多，而学前教育专业学生大多对0~3岁婴幼儿教育、亲子教育等知之甚少，有的连亲子园都没有见过。为此，在选修课中增设与0~3岁婴幼儿教育、亲子教育相关的课程，如亲子教育、0~3岁婴幼儿素质训练游戏、0~3岁婴幼儿保健与护理学等选修课程，供有兴趣的学生来学习，这样既反映了课程的特色和时代气息，又为学生的工作提供了更多机会。此外，既然将学前教育专业人才的培养层次定格在幼儿园和其他学前教育机构，如早教机构、托育机构等，那就意味着课程设置也应体现适应于幼儿园和其他学前教育机构的差异。另外，为促进学前教育专业学生毕业后的教科研能力和自我教育发展能力，保障自身的可持续发展，课程设置也应该把教育科学研究方法、毕业论文与设计等课程纳入必修课程。

（七）应试课程与素质课程相结合的原则

应试课程即应对考试的课程，具体而言，文中的应试课程特指为了应对目前全国统一组织的研究生入学考试、各地教委组织的幼儿教师公招考试及全国统一的幼儿教师资格证考试而开设的一些课程。素质课程泛指非应试课程，即并非为了应对目前全国统一组织的研究生入学考试及全国统一组织的教师资格证考试而开设的一切课程。毋庸置疑，开设素质课程有利于提升准幼儿教师的专业素质，素质课程在学前教育专业人才培养模式的课程体系中理当具有重要的作用。不过，我们也应该清醒地看到，随着教师专业发展理念的不断深入，幼儿教师职业地位的不断提升，具有研究生学历及本科学历的幼儿教师比重不断增加以及幼儿教师资格证书制度的不断完善，应试课程在学前教育专业人才培养模式的课程体系中应有的重要地位将更加凸显。为此，在学前教育专业人才培养模式的课程体系中，既应有足够门数与学时数的素质课程，又应有足够门数与学时数的应试课程。

（八）综合课程与分科课程相结合的原则

与学前教育专业人才培养模式相应的课程设置既应突出综合性的特点，又应突出分科性的特点。这是因为，就课程设置的综合性而言，一是，无论是自然科学还是人文社会科学的发展，都明显体现出综合性的发展趋势，作为学校的课程，理应体现综合性；二是，随着科学技术的日新月异、文化生活的多元交织，社会对复合型人才的需求日益凸显，开设综合性课程，无疑能够促进具有复合型知识结构的师资，进而能够促进广大学生形成复合型的知识结构；三是，幼儿教育是一种保育和教育并重的教育，其涉及面很宽，尽管不一定要求从业者具有高深的知识，但要求从业者具有百科全书类的通识知识，显然，学前教育专业师范生如果不在大学阶段接受综合课程的学习与训练，那么未来将很难胜任幼儿教育教学活动。就课程设置的分科性来说，由于我国幼儿园的大部分课程仍是以分科形式（如语言、健康、社会、科学、艺术等科目课程的形式）开设的，学前教育专业师范生要想在未来能够胜任幼儿园某一特定领域课程活动的教学，就必须在大学阶段接受相应分科（即分领域）课程的学习与训练。

二、高校学前教育专业学生能力培养课程的设置方案

方案，即工作的计划。学前教育专业课程设置方案是指，为更好地培养学前教育专业人才而事先制定的关于学前教育专业人才培养的课程设置计划。

第一,基础学科:教育学、心理学、中国教育史和外国教育史等。教育学和心理学是学前教育专业的两大主干学科。教育学是研究教育现象和教育问题,揭示教育规律的科学。在学前教育领域,教育学的研究有助于我们理解儿童的发展特点、教育方法、教育环境等方面的知识,为培养优秀的幼儿教师提供理论支持。心理学是研究人类心理活动和行为的科学。在学前教育领域,心理学的研究有助于我们了解儿童的心理发展特点、学习方式、情感需求等方面的知识,为制定适合儿童发展的教育方案提供理论依据。学前教育专业学生开设的基础课程中的心理学课程主要有普通心理学和教育心理学等。中国教育史和外国教育史则分别介绍了中国和外国教育的发展历程和特点,帮助学生了解不同文化背景下的教育思想和理念。

第二,核心课程:是学前教育专业的重要组成部分,涵盖了多个领域的知识和技能。一是,学前儿童发展心理学是研究儿童心理发展规律和特点的课程,为制定教育方案提供理论支持。二是,学前教育学是研究0~6岁婴幼儿的教育现象及问题,从而揭示其中最普遍和最基本的规律。三是,学前卫生学是研究儿童身心健康的课程,为保障儿童健康提供理论支持。四是,学前儿童健康教育、学前儿童语言教育、学前儿童科学教育、学前儿童社会教育、学前儿童艺术教育等课程则是针对不同领域的教育实践课程,帮助学生掌握各领域的教育技能和方法。五是,琴法、美术、音乐、舞蹈等课程则是艺术方面的实践课程,培养学生的艺术素养和技能,为未来的幼儿教育工作提供支持。

第三,主要实践性教学环节:是学前教育专业的重要组成部分,旨在帮助学生将理论知识应用于实践中,提高实际操作能力和解决问题的能力。一是,教育调查是通过实地调查了解教育现状和问题的方法,有助于学生深入了解实际情况并发现问题;二是,教育观摩是通过观察优秀教师的教学过程和方法,学习他们的教学技巧和经验,为学生未来的教育工作提供参考;三是,专业见习是在学校或幼儿园进行的实习活动,学生可以在实践中了解幼儿教育的实际工作情况,提高自己的实践能力;四是,专业实训与考核是对学生进行专业技能的培训和考核,帮助学生掌握实际操作技能和提高教学质量;五是,专业实习是学生将所学知识应用于实践中的重要环节,有助于学生深入了解幼儿教育的实际工作情况并提高自己的实践能力;六是,毕业论文(设计)是学生根据所学知识和实践经验进行的研究或设计活动,有助于学生深入思考和研究幼儿教育领域的问题,提高自己的学术素养和研究能力。

第三节 高校学前教育专业学生能力培养的模式

从人才培养模式的构成来看，教学模式是其要素之一，为此，要想构建学前教育专业人才培养模式，必须探讨相应的教学模式。本节将逐一阐述与学前教育专业人才培养模式相适应的理论教学模式和实践教学模式。

一、高校学前教育专业学生能力培养的理论教学模式

在理论教学内容很难改变的情况下，我们应探索多元化的教学模式。基于学前教育专业的特点，本书认为，适合学前教育专业的理论教学模式主要有以下六种。

第一，自学辅导式教学模式：此模式强调学生自主学习的能力。教师事先指定自学材料，让学生在课下自主学习，然后在课堂上，教师会对学生的自学情况进行集中辅导，解答学生的疑问，帮助学生巩固自学内容。这种模式既能提高学生的自学能力，也有助于培养学生的团队合作精神。

第二，案例分析式教学模式：针对学前教育专业中深奥、复杂或抽象的理论问题，教师会挑选经典案例，并在课堂上进行详细剖析。通过理解这一案例，学生能更好地理解课程中的相关理论问题。这种模式有助于提高学生的理解能力和分析问题的能力。

第三，专题讲座式教学模式：针对学生普遍存在的困惑或希望深入了解的问题，学校会邀请相关领域的专家、学者进行专题讲座。学生可以借此机会与专家、学者进行面对面交流，积极参与对话，从而解决问题，提高自己的专业素养。

第四，沙龙讨论式教学模式：此模式以沙龙形式进行，教师和学生就学前教育的教学问题或科研问题进行自由而平等的交流与对话。通过相互交流心得体会和共同探讨，达到对相关问题的深层理解，提高学生的思考和表达能力。

第五，微格教学式教学模式：针对课堂教学技能的培养，教师会安排学生在微格教室里模拟授课。课后，教师和学生一起观摩学生的模拟授课录音和录像，逐一评议学生的表现，从而提高学生的课堂教学技能水平和课程组织管理能力。

第六，自我反思式教学模式：在学生完成某一课程或一段时间的学习后，教师会引导学生根据一定标准对自己的学习过程和结果进行自我反思。学生需要总结自己的学习收获，发现自身存在的问题，并思考解决问题的策略。这种模式有助于培养学生的自我评价和自我调整能力。

综上所述，这六种教学模式在学前教育专业中各有侧重，相互补充，旨在提高

学生的综合素质，为我国学前教育事业的繁荣和发展培养更多优秀人才。在实际教学过程中，教师应根据课程特点和学生需求，灵活运用这些教学模式，以实现最佳教学效果。

二、高校学前教育专业学生能力培养的实践教学模式

2011年10月，教育部颁布的《关于大力推进教师教育课程改革的意见》(以下简称《意见》)囊括了《教师教育课程标准(试行)》(以下简称《课程标准》)，其中对幼儿园职前教师教育课程目标与课程设置提出了明确要求；2012年2月，正式颁布《幼儿园教师专业标准(试行)》(以下简称《专业标准》)。《课程标准》和《专业标准》的颁布实施对规范和指导幼儿教师教育课程设置，引导幼儿教师的专业化发展，提升幼儿教师专业化发展水平起着不可估量的推进作用。《专业标准》强调"把学前教育理论与保教实践相结合，突出保教实践能力"，"坚持实践、反思、再实践、再反思，不断提高专业能力"。而《课程标准》更是明确提出"实践取向"的基本理念："教师是反思性实践者"，应"强化实践意识"，"发展实践能力"，"形成实践智慧"，并在课程目标设置中，专门提出"教育实践与体验"的目标领域，对教育实践的时间及内容也提出具体规范和要求。为推进《课程标准》的实施，《意见》强调：教师教育课程要"强化实践环节，加强教育教学能力训练"，"学科理论与教育实践紧密结合"，"充分利用模拟课堂、现场教学、情境教学、案例分析等多样化的教学方式，着力提高师范生的实践能力"。以下就学前教育专业的实践教学模式加以阐述。

(一) 教育调查

教育调查是一项系统性的研究过程，旨在深入了解教育现象和问题。在这一过程中，大一学生通常通过参与学前教育专业实践教学，开始接触并研究教育领域的不同方面。这为他们提供了一个机会，通过实际实践来加深对学前教育的了解。

这项调查的目的是多方面的。首先，它旨在使学生对学前教育有初步认识，通过亲身体验和实践活动，培养他们对这一领域的兴趣。其次，调查旨在激发学生对学前教育问题的关注习惯，让他们意识到教育中存在的各种挑战和机遇。通过这样的活动，学生将逐渐培养起对学前教育事业和幼儿教师职业的关心，同时提高责任感和使命感，加深对幼儿教师职业的认同感。

教育调查的范围是广泛的，可以分为学校、教育行政、家庭和社会四个方面的调查。学生在选择调查类型时可以根据个人兴趣进行取舍，其中包括全面和非全面调查。在这个过程中，学生可以运用各种适合的调查方法，如观察法、问卷法、

谈话法以及分析书面材料法等，来收集和整理有关教育现象和问题的信息。

为了确保调查的有效性和科学性，学生需要按照一定的步骤进行基本的调查。首先，明确调查课题是整个调查的起点，然后进行相关资料的查阅，以建立对研究领域的背景了解。接下来，学生需要制定详细的调查计划，明确调查的目标、方法和步骤。在实施调查和收集资料的阶段，学生将运用所学的方法，积极参与到实地观察和交流中。随后，整理和分析数据成为必要的环节，通过这一步骤，学生能够从收集到的信息中提炼出有意义的结论。最终，学生需要撰写一份详尽的调查报告，将整个调查过程和结果以清晰的形式呈现出来。

（二）教育观摩

学校为了促使学生深入了解学前教育，培养其德育、班级管理和课堂教学等方面的能力，通常在学生接触幼儿教育基础课程初期，安排了一项名为“教育观摩”的活动。这一活动旨在让学生走进学前教育的第一线，亲身感受教育工作的方方面面，以便更好地学习和吸取实际经验和技巧。

教育观摩的时间通常安排在学年的第二学期的第三周，为期一周。整个观摩的目的主要体现在三个方面：①通过深入感性认识学前教育，学生能够更加全面、深刻地理解这一领域的特点和要求；②通过提供真实案例，观摩活动可以促进学生的学习，使他们在实践中更好地理解和应用所学知识；③通过观摩，学生能够加深对幼儿教师行为的认知，了解教育工作者在实际工作中面对的挑战和责任。

观摩活动的实施过程包括几个重要步骤。首先，学校需要制定详细的观摩计划，明确活动的目标、安排和具体内容。在此基础上，要提前与幼儿园或学前机构进行沟通，确保双方对观摩活动的安排有充分的了解。随后，学生将在观摩周内实施观摩活动，仔细观察德育、班级管理和课堂教学等方面的情况，并及时记录所见所闻。

观摩活动结束后，学生需要撰写观摩体会，总结自己在观摩中的收获和感悟。这有助于学生对观摩过程进行反思，巩固所学知识。最后，学生还需要参与观摩交流分享，通过与同学的分享和交流，拓展自己的观摩效果，促使更多的学生更好地理解和体验观摩过程，提高观察和思考能力。

（三）教育见习

教育见习是学生在幼儿园参与非教学活动的实践教学环节，通常安排在学生入学后第二学年的第二学期第三周进行。这一环节的主要目的包括提供学前教育理论课程基础、培养学生的问题意识，以及为学生提供学前教育问题的原始素材。通过参与教育见习，学生得以将理论知识与实际操作相结合，从而加强他们的学习效果。在教育见习的过程中，学生涉及多个方面的工作，包括参与班会、协助管理工作、联系学生家长、进行家访、辅导作业以及参与课外活动等。这一全面的参与不仅有助于学生对理论知识的深入理解，也培养了他们的实际操作能力。此外，教育见习还促使学生体验新课程改革的实际效果，从而激发了他们对教育改革的深刻思考。教育见习不仅仅是一次实践机会，更是学生自我成长和专业发展的关键一步。通过与实际教育环境的互动，学生能够更全面地了解学前教育的方方面面，为未来的教育工作打下坚实的基础。在这个过程中，学生将直面各种教育挑战，培养问题解决的能力，并逐渐形成独立思考和判断问题的能力。

第一，拟订见习计划。在制定见习计划之前，学生必须充分考虑实际情况和见习学校的需求。这一计划应涵盖见习的目的、内容、时间、地点，以及可能遇到的问题及相应对策等关键要素。只有通过充分思考和策划，学生才能在见习过程中更加有针对性地提升自身的专业素养。

第二，进入见习学校。高校指导老师在学生进入见习学校之前，需提前与学校联系，确保为每位学生都安排指导老师。一旦学生踏入学校，他们应该及时与指导老师取得联系，并向其详细汇报见习的具体目的。这样的沟通和准备工作有助于确保见习过程的顺利展开。

第三，实施见习内容。在指导老师的引导下，学生需要积极尝试多种见习活动，以拓展自己的经验。这包括参与教学、观摩课程、参与学校活动等多方面的实践。通过这些活动，学生将能够更全面地了解教育工作的方方面面，从而为未来的专业发展奠定坚实的基础。

第四，撰写见习小结。为了提升感性认知至理性认知，学生需要对整个见习活动进行详细总结。见习小结的重点在于阐述在见习中所取得的收获与感悟。通过深入思考和总结，学生可以更清晰地认识到自身在见习过程中的成长，并为今后的学习和职业生涯做好充分准备。

第五，交流见习体验和感悟。教师在此阶段发挥着关键作用，引导学生撰写见习小结，并组织互动交流。通过分享见习感悟，学生将能够获取更多新的体验与启示。这种交流不仅有助于加深对见习经历的理解，还能够促进学生之间的互相学习与成长。通过这样的体验，他们将更好地融入教育实践，为未来的专业发展打下坚实基础。

（四）教育技能

教育技能是个体从事教师职业所需的心智和肢体技能的综合体现，可划分为基础性、教学性、教育性和教研性四大类。基础性教育技能涵盖了语言表达、"三笔一画"、信技应用以及人际沟通等方面，这些是构建教师基本素养的关键元素。在教学性技能方面，包括教学设计、实施、反馈和评价等环节，这是确保知识传递和学习效果的重要组成部分。而教育性技能则涵盖思想教育和班级管理等方面，旨在培养学生的全面素养和社会责任感。教研性技能关注于教学研究和非教学类教育问题研究，以推动教育体系的不断创新和发展。

为了有序培养学生的教育技能，教育过程分为两个阶段，分别是教育技能训练Ⅰ和教育技能训练Ⅱ。在训练Ⅰ中，重点放在基础性和教学性技能的培养上，这将在第三学年的第一学期的第一周展开。而在训练Ⅱ中，注重培养教育性和教研性技能，将安排在第三学年的第二学期的第一周进行。这一分段培训的目的在于有计划地引导学生在不同阶段掌握和提升各类教育技能。

培养过程中的关键步骤包括分组和配备指导老师。学生将根据不同的技能类别被划分成小组，每组配备有丰富经验的指导老师。然后，学生需制定个性化自我训练方案，通过这一过程自主地提升各项技能。指导老师将对学生的方案进行审验，并提出建议以帮助其更好地达到培训目标。随后，学生将再次进行自我训练，并在需要时请教指导老师。为确保培训效果，部分指导老师将担任评委，对学生进行审验，不合格者将重新参与培训，以确保学生在教育技能方面达到要求。这一循序渐进的培训模式将为未来的教育者提供坚实的基础和全面的素养。

（五）教育实习

教育实习是指高年级(通常为毕业班级)学生将所学到的理论知识和教育技能综合运用于幼儿园教育教学实践活动中，借此机会全面锻炼和提升个人素质。教育实习的目标主要包括以下四个方面：一是引导学生树立投身教育事业的志向；二是促使学生将所学理论与技能相结合，应用于学前教育教学实践，从而初步培养其独立开展学前教育教学工作的能力；三是鼓励学生认真反思教育教学过程中的问题，并尝试探索学前教育教学规律；四是评估学生的思想素质和专业水平，为高校学前教师教育机构和学生本人提供反馈。

教育实习一般设置在学生入学后第四学年的第一学期进行。教育实习的内容主要包括教学工作实习和班主任工作实习两个方面。教育实习需要注意的事项主要有五个方面：一是制定实习计划。实习计划主要包括实习的目、实习的要求、实习的内容、实习指导教师的配备、实习小组的划分、实习的组织与领导等。二是配备双重指导老师。学生的教育实习应在高校学前教育机构指定的老师(下文简称高校指导老师)和实习幼儿园指定的老师(下文简称实习学校指导老师)的共同配合下进行。三是协调三重管理。所谓三重管理,即实习学校的管理(主要指实习学校指导老师的管理)、高校指导老师的管理、高校教育实习巡视组的管理。在教育实习期间,实习学校(尤其是实习学校指导老师)具体负责学生实习活动的安排及日常管理,包含熟悉幼教机构一日活动计划与保教人员工作职责、熟悉一日生活常规管理、开展集中教学和区域活动观察、实施集中教学、区域活动和班级环境设计,开展儿童个案观察,撰写儿童学习故事,指导开展教研活动和进行家园交流。高校指导老师配合实习学校进行管理,做好实习生的纪律要求和心理引导,协助实习学校指导老师组织实习生开展说课、观摩课等教研活动,做好高校、实习学校和实习生三方事宜的沟通和协调工作,组织实习总结和实习材料的撰写和检查工作,并和实习学校指导老师协同做好实习生实习成绩评定工作等。高校教育实习巡视组对学生的实习情况进行巡视检查。四是双方指导老师共同评定实习成绩。教育实习结束时,高校指导老师和实习学校指导老师应按照预先拟定的教育实习成绩评定标准及学生在实习期间的具体表现,共同商议学生的教育实习成绩,并按优秀、良好、中等、及格和不及格五个等级进行评定。五是注重实习总结。教育实习既是对学生综合能力的全面培养,又是对学生综合素质的全面检验,还是对高校学前教师教育质量的全面反馈,因而,无论对学生本人还是对培养学生的高校学前教师教育机构来说,全面总结教育实习活动尤为重要。

(六)毕业论文

毕业论文是指,高校为了培养学生综合运用所学专业知识和专业技能独立解决专业领域内实际问题的能力而要求学生在毕业之前撰写的学位论文。学生撰写毕业论文的过程既是其在校期间的学习成果得以全面检验的过程,又是其综合能力得以全面锻炼的过程,还是其综合素质得以全面提高的过程。显然,撰写毕业论文不仅是实践教学的最后一个环节,而且还是最为重要的一个实践教学环节。实践表明,毕业论文宜安排在学生入学后第四学年的第二学期进行。

第一,选题。选题是毕业论文的第一步,也是关键的一步。选题的过程实际上就是确定研究对象、范围、背景、视角及切入点等的过程。选题的方式主要有三种:一是学生在专业教师拟定的一些论文题目中进行选择;二是学生在专业教师的指导下选择论文题目;三是学生在所学专业领域内自主拟定论文题目。无论采用哪种方式,都需要对论文题目进行充分的思考和分析,以确保选题的合理性和可行性。

第二，选择指导老师。指导老师在整个毕业论文的撰写过程中起着至关重要的作用。他们可以帮助学生确定选题，推荐参考文献，指导学生撰写开题报告，审定论文提纲，解答学生的疑难问题，审阅并指导学生修改论文，督促学生及时撰写论文等。学生在选择指导老师时，应充分考虑指导老师的人格特征、专业特长与研究方向，以免出现所选的指导老师不适合指导自己撰写毕业论文的现象。

第三，撰写开题报告，做好研究设计。撰写开题报告是毕业论文的重要环节，关系到论文能否顺利进行及其质量的高低。开题报告应包括论文的题目、研究的目的与意义、研究的背景、文献综述、研究的思路与方法、研究的基本内容、研究的条件、研究的步骤与时间安排、主要参考文献等。撰写开题报告时，学生应确保内容的完整性和准确性，同时应根据选用的研究方法，设计观察表、调查问卷和访谈提纲，做好研究设计，以便为后续的论文写作奠定坚实的基础。

第四，收集资料。收集资料是撰写毕业论文的基础工作，也是一项耗时较长、涉及面较广的任务。学生应采用文献法、调查法、实验法及观察法等多种方式收集相关资料。在收集资料的过程中，学生要对资料的来源、性质、准确性等进行严格的甄别和筛选，以确保所使用的资料具有较高的可信度和价值。

第五，整理资料。整理资料是对收集到的资料进行筛选、补充、分类的过程。整理资料时，学生要对资料进行仔细审查，以确保其准确性和完整性。同时，学生还需要对资料进行分类，以便更好地组织和利用。

第六，分析资料。分析资料是对整理的资料进行进一步的思维加工，通过分析推论得出研究结论。分析资料的方式有定性分析和定量分析两种，一般来说，定性分析比较适合描述性的资料，定量分析比较适合选项性的资料。

第七，撰写论文提纲。撰写论文提纲就是从整体上撰写论文的篇章结构。在撰写论文的过程中，学生应该随时思考先前设想中可能存在的疏漏之处与薄弱环节，以便及时调整论文的结构和内容。

第八，撰写论文。撰写论文时，学生可依据论文提纲一气呵成后再修改，也可以边写边修改。初稿完成后，学生应该在指导老师的指导下，逐一检查论文的结构、观点、论据和表达等方面，直至学生本人及其指导老师均满意为止。

第九，论文答辩。毕业论文答辩是检验学生论文质量和研究能力的重要环节。指导老师在答辩过程中，应关注学生对论文的认识程度、现场论证能力、专业知识与技能的掌握程度以及论文的真实性程度等方面。通过论文答辩，不仅可以了解学生的研究水平，还可以为他们的未来发展提供有益的建议。

第四节 高校学前教育专业学生能力培养的制度

一、高校学前教育专业学生能力培养之招生制度

学前教育是儿童成长的重要阶段,对于儿童的身心发展、认知能力、情感态度等方面都具有深远的影响。因此,高校学前教育专业的学生能力培养显得尤为重要。而招生制度作为选拔优秀人才的重要环节,对于学前教育专业学生的能力培养具有举足轻重的作用。以下将讨高校学前教育专业学生能力培养的招生制度,以期为学前教育专业的发展提供有益的参考。

(一)招生制度的重要性

第一,招生制度是选拔优秀人才的关键环节。优秀的学前教育专业人才是推动该领域不断发展的重要力量。通过实施科学的选拔方式,招生制度能够充分挖掘学生的潜力和才华,选拔出具备发展学前教育专业能力的优秀学生,这不仅有助于提升整个专业的人才素质,也为学前教育领域的创新和发展提供了坚实的人才基础。

第二,招生制度对于促进教育公平具有重要作用。教育公平是社会公平的重要体现,而招生制度正是保障这一公平的关键手段。通过制定合理的招生政策,确保来自不同地区、不同家庭背景的学生都能享有平等的受教育机会,进而实现教育资源的合理分配。这有助于消除教育不平等现象,促进社会公平和谐发展。

第三,招生制度也是提升教育质量的关键途径。选拔具有潜力的学生,可以为学前教育专业的教学提供更好的基础,从而提高教育质量。优质的教育资源是培养高水平人才的前提,而招生制度正是确保这一资源得到合理利用和优化配置的重要保障。通过优化招生政策,学前教育专业可以吸引更多优秀学生,进一步提高教育教学质量,为我国学前教育事业的繁荣做出贡献。

总而言之,招生制度在选拔优秀人才、促进教育公平和提升教育质量方面具有重要意义。为了实现我国学前教育事业的持续发展,有必要不断完善和优化招生制度,确保其为培养高素质的学前教育专业人才提供有力支持。同时,教育部门和相关机构也要关注招生制度的改革,积极探索更加科学、合理的选拔方式,为我国学前教育事业的繁荣注入新的活力。

(二)招生制度的改进措施

第一,拓宽招生渠道。我国学前教育专业的发展需要吸纳更多具有专业素养

的学生。通过提前招生、艺术特长生、单招等多元化的选拔方式，我们可以从更广泛的层面上挖掘具备学前教育专业潜力的人才。此外，我们需要加强对考生综合素质的评价，不仅仅是学术成绩，还包括道德品质、实践能力、特长等方面的全面考察，以确保选拔出的人才具备全面发展潜力。

第二，完善面试环节。面试是评估考生教育素养的重要环节，我们需要提高面试的严谨性，设置多样化、情境化的面试题目，从而全面了解考生的教育理念、沟通能力和教育实践技能。这不仅有助于选拔出具备学前教育专业素养的学生，也有助于培养他们在未来教育工作中的实际能力。

第三，招生规模适度稳定。在招生规模上，我们需要根据国家政策和市场需求，合理规划学前教育专业的招生规模。一方面，要保证人才培养的连续性，确保专业的稳定发展；另一方面，也要关注市场动态，适时调整招生规模，以适应社会对学前教育专业人才的需求。

第四，加强与中小学幼儿园的合作。与一线教师和教育工作者建立长期合作关系，了解他们对学前教育专业人才的需求，这将为我们的招生标准和培养目标提供有力依据。同时，这种合作也有助于学生更好地了解实际教育工作，提前为未来的职业生涯做好准备。

第五，注重招生宣传。为了让更多优秀学生了解并选择学前教育专业，我们需要加大招生宣传力度。通过各种渠道，让考生了解学前教育专业的发展前景和就业优势，激发他们对学前教育专业的兴趣，从而吸引更多优秀人才加入这个行业。

综上所述，拓宽招生渠道、完善面试环节、稳定招生规模、加强合作与宣传，这四点措施将有助于我们选拔和培养更多具备学前教育专业素养的优秀学生，为我国学前教育事业的繁荣和发展贡献力量。

二、高校学前教育专业学生能力培养之评价制度

高校学前教育专业学生能力培养的评价制度，需要摆脱传统评价方式的局限性，以更全面、灵活和合理的评价方式来衡量学生的能力。为此，需要引入学校评价和社会评价相结合、基础评价与差异评价相结合的方式。具体而言，可以采用校系评价和实习单位评价结合的方式，将专业教师评价和园长/一线教师评价相结合，以及理论成绩与实践成绩相结合的评价方式。同时，采用实习指导教师打分、园长评价学生会演、毕业生就业质量追踪等多种评价形式。

第一，根据差异培养的人才培养要求，对学生的专业职业技能实施差异评价。

根据个体差异，要求不一，标准有异，进而形成与学生入学时的职业能力倾向定位、培养过程中差异教学一以贯之的评价模式。

第二，在评价管理方面，必须强化培养评价管理部门的引导和服务职能。一方面，要加强科学规划评价指标，组织制定各部分考核方式及其评价分值结构，并提前通知学生；另一方面，要严格执行过程评价，将出勤率、课堂表现、学习态度纳入评价指标体系。同时，学业考核增加学前教育专业学生个人评价，校外实践在学业考核的基础上再增加幼儿园管理评价，有助于规范管理评价制度及提高成效。

第三，要建立多样化激励与淘汰措施，对成绩较高的设立奖学分、奖学金和实施评优评先政策，对成绩不合格的设立合理惩罚措施。同时，建立评价监督机制，由归管学前教育专业部门建立培养评价监测小组，并有学生代表参与，不定期地对学前教育专业学生学业考核与实践评价的实施情况进行督查与评价。

第四，建立成绩查询与申诉的制度，及时通知学生的课程评价考核成绩，让学生有权对其成绩提出质疑与申诉，提高评价结果的有效性。

综上所述，高校学前教育专业学生能力培养的评价制度需要更加严谨、稳重、理性和官方化。通过引入学校评价和社会评价相结合、基础评价与差异评价相结合的方式，以及加强科学规划评价指标、严格执行过程评价、建立多样化激励与淘汰措施和监督机制等措施，可以更加全面、客观地评价学生的能力水平，提高人才培养质量。

三、高校学前教育专业学生能力培养之管理制度

高校学前教育专业学生能力培养中的管理制度主要包括日常教学管理制度和实习管理制度两个方面。教学管理制度是维护教学秩序、保障教学活动顺利进行的准则，也是规范管理者与学生之间关系的有效保障。在日常教学管理制度方面，学前教育专业主要采取了以下措施：第一，学生入学后的第一年以通识教育的形式进行"宽口径"培养，旨在拓宽学生的知识面，为未来的专业发展打下坚实的基础。第二，学生自入学后的第二至第四年共三年进行"厚基础"培养，重点加强专业基础知识和技能的学习与训练。

此外，从当前高等教育的基本规律以及教师专业发展的需要来看，教师职前培养应该实行学科专业教育与教师专业教育相对分离的培养模式。为此，可以建立大学教育学院或教师教育学院作为教师专业教育的基地，完成教师专业教育的培养任务。同时，高校学前教育教师机构应该与广大幼儿园及幼儿培训机构建立

密切联系，将他们作为自己的教师专业发展学校。这不仅便于学前教育专业学生进行教育观摩、教育见习与教育实习，也有利于双方学校教师专业素质的提升。

第五节 高校学前教育专业学生能力培养的创新

一、高校学前教育专业学生能力培养的创新途径

（一）制定培养目标

能力的培养是一个系统的过程，而培养目标的正确定位对培养体系有导向作用，是人才培养的前提条件。高职高校专科和本科学前教育专业的定位是培养面向各类学前教育机构，学前教育基础理论知识扎实、艺术功底深厚、教学技能纯熟、职业心理素质良好的幼儿园教师。人才培养的总目标是通过能力的培养，在了解职业能力基本知识的基础上，重点掌握其基本能力，通过岗位实践转化为岗位职业能力，并达到提升学生的就业竞争力，提升学生的能力，提升学生的职业生涯可持续发展能力。其可以在具体的人才培养中进行细分，包括解决问题能力培养目标、学习能力培养目标、与人合作能力培养目标、数字应用能力培养目标、信息处理能力培养目标、与人交流能力培养目标和创新革新能力培养目标。通过细分培养目标，使得人才培养更加明确、具体，同时具有针对性与可操作性，最终达成人才培养的总目标。

在学生能力的培养过程中，通过把学前教育专业技能渗透到能力培养当中去，使学生对能力有更清晰的认识，同时也对学生能力的培养目标有更明确的把握。

（二）完善课程设置

1.提升实践课程的比例

学前教育专业的学生毕业后，其主要的职责是服务于幼儿教育事业，他们将面向各类学前教育机构，成为具备优秀职业素质、坚实学前教育基础知识、艺术素养以及优秀教学技能的幼儿园一线教师。因此，在实际工作中，他们需要具备实际动手能力以及发现并解决问题的能力。然而，学生所学的知识和经验往往处于隐性状态，需要他们主动“激活”才能在实际工作中得以体现和应用，这就需要通过实践操作来融合这些知识和经验。

学生能力的培养，首先需要借助高校的实训基地这一平台。然而，目前许多高校仍然将大部分的时间和资源投入理论教学中，忽视实践能力的培养。无论是

受到"学科本位"思想的束缚,还是由于自身条件限制无法建设实训基地,都会间接减少学生的实践机会,导致学生只掌握理论知识而缺乏对理论与实践结合的掌握,从而影响学生能力的培养。

2.加强核心能力的培养

核心能力的培养,应以课程为依托,将之渗透至学前教育专业的相关课程中,以实现培养目标。例如,"儿童意外伤害预防与急救"和"幼儿园活动场地设计与布置"课程,在教授急救措施和场地设计布置的过程中,通过让学生解决遇到的问题,无形中提高了他们的问题解决能力;"幼儿园课件制作"和"大学计算机基础"课程,在课件制作和计算机知识应用的过程中,帮助学生获得数字应用与信息处理能力;"幼儿园活动设计"和"手工"课程,通过创作活动,锻炼学生的创新革新能力;"心理健康教育"课程则有助于培养学生的良好心理素质。通过这些课程的学习,学生的核心能力得以潜移默化的锻炼。由此可见,每门课程都蕴含着核心能力的元素。然而,要使核心能力在课程中得到更好的体现,需要教师的积极引导。因为核心能力在课程中是隐性存在的,需要教师在教学过程中刻意引导,否则学生可能会忽略掉这一能力的培养,从而错失锻炼机会。长期来看,通过教师在课程中渗透核心能力的培养,学生会在其他课程中自然地将这一观念带入,形成良性循环。同时,教师在引导学生进行核心能力锻炼的过程中,也会提升个人的教学能力,实现自我能力的升华。

(三)增强实践教学

1.提高实践教学的比重

实践是培养学生核心能力的关键途径,因此,高校在人才培养过程中应注重提高实践知识在课堂教学中的比重。教师在编写教案时,应增加实践案例或场景教学的应用,以提高教学的趣味性和实效性,帮助学生更好地吸收和掌握新知识。

在实践案例方面,教师可以选取当前最新的学前教育案例,无论是社会上的还是幼儿园中的,通过口述或视频形式展示给学生。教师应分析案例细节,结合学前教育相关知识模拟解决案例中的问题,促使学生将理论与实践相结合,更好地将所学知识应用到实践中。

场景教学则是通过教师设定一个教学场景,给出任务在特定场景内进行展现。学生分组进行方案的设定,然后通过场景的展现完成教师给出的任务,从而在实践中夯实基础。此外,高校还应提高实践课程在教学计划中的比重。适时地进行教学改革,对学前教育专业理论课程与实践课程的比例进行一定的调整,加大实践课程的比例,给学生更多的动手实践机会,提高学生的实际动手能力。

综上所述,高校应注重实践教学方法的改进和实践课程的比重调整,以提高学生的核心能力和实际动手能力。

2.提供学生实践的机会

为了提供学生实践的机会,我们采取了以下两种方式:

(1)为学生提供了模拟教学的环境,让他们能够实际体验教学过程。一开始,教师会对幼儿教学场景进行示范,并通过视频直观展示。然后,教师会指导学生如何进行教学,并指出相关注意事项,为学生接下来的模拟教学做好铺垫。学生自行设计“模拟教学方案”,为了最大程度还原幼儿园环境,学生分为教师模拟和幼儿模拟两组。教师模拟者进行教案撰写、活动设计,并根据教案进行活动准备;幼儿模拟者主要扮演幼儿园的学生,配合教师模拟者的教学。展示结束后,教师会对场景进行评价,同时学生之间也可以进行相关的心得交流,促进教学能力的提高。一轮展示结束后,学生可以进行角色轮换,教师模拟者与幼儿模拟者互换,开始新一轮的教学展示。通过多次的交流学习,更容易发现问题,同时也能提高个人教学能力。

(2)组织学生去幼儿园见习,实地观摩幼儿教师的教学过程。在学校已有模拟教学的基础上,组织学生到幼儿园进行实地学习。学生自行观察幼儿的情况、幼儿园教师的教学过程,从而把观察所得与自身所学进行对比,找出自身不足与所长,查漏补缺,完善教育教学技能。

3.保障学生的实践条件

学生的实践活动需要大量的条件保障,政府、学校必须从资金、技术、场所、设施等方面提供大量的支持,才能保障学生的实践活动得以顺利进行。目前,很多高校都设有实训楼和实验室等提供学生动手实践的场所与设施,但是学前教育专业的模拟实训场所却很少,这使得学前教育专业的学生在校期间的实训教学难以落实,同时也不利于毕业生的岗前培训。从场所、设施这两方面来看,学校可以模拟真实的幼儿园环境设立若干个实训教室,在场所的布置上也要突出幼儿园的环境,体现出趣味性、教育性的要求。教室的细节上也要遵照真实幼儿园的标准,卫生间、就餐区、游玩区做好细致的规划分布,力求还原幼儿园的环境氛围,方便学生在实训的时候快速地融入真实的工作场所。为了保障场所与设施的顺利运转,政府和学校应该加大资金上的投入,用以设备的更新维护、技术的引进等。

（四）培养创新思维

创新能力在学生的能力培养中占据着举足轻重的地位。无论是创新思维还是创新技能，它们对核心能力的提升都具有深远的影响。这是因为，在创新过程中，个体需要调动和综合运用多种能力，如沟通交流能力、团队协作能力、解决问题能力等。这些能力的交融与应用，使得学生在创新过程中得到了全面的锻炼和提升。

第一，创新思维能够激发学生的潜能。在教育过程中，鼓励学生勇于尝试、敢于质疑权威，有助于培养他们的创新思维。创新思维的培养使学生在面对问题时，能从多角度进行分析，提出独特的解决方案。这种思维方式有助于学生在面对复杂问题时，更好地运用其他核心能力，如判断力、分析力和创造力。

第二，创新技能的训练为学生提供了实际操作的机会。通过实践，学生可以将理论知识与实际应用相结合，提高自身解决问题的能力。同时，创新技能的培养还能帮助学生养成良好的学习习惯，如独立思考、主动探索和积极进取。这些优良品质将使学生在未来的职业生涯中受益匪浅。

第三，创新行为还能锻炼学生的团队协作能力。在创新过程中，学生需要与他人分享自己的想法，开展合作研究。这一过程有助于提高学生的沟通技巧和协作精神，为日后的工作奠定坚实的基础。

（五）革新教学方法

随着科技的迅猛发展，计算机和多媒体技术正在成为推动教学方法丰富化的重要推动力。在这个数字化时代，教育界认识到了培养学生核心能力的迫切性，因此教师们需要在传统教学基础上引入更为灵活和多样化的教学方法，以更好地适应学生的学习需求。行为导向和项目教学法被认为是对提高学生核心能力至关重要的方法。通过行为导向的教学，学生能够在实际操作中培养解决问题的能力，而项目教学法则通过实际项目的设计和完成，使学生在团队协作、创造性思维等方面得到全面锻炼。这些方法的结合不仅能够提高学生的专业素养，还有助于培养团队合作和创新思维。

教学方法的完善使得教师们不再受限于传统的课室和实验室，而能够将学科知识更贴近实际应用。通过实际演示和任务布置，学生不仅能够加深对知识的理解，还能够提高动手能力，从而促进核心能力的全面发展。这种实践性的教学方法使得学习不再局限于书本，而成为一个更为丰富和有趣的过程。为了更好地实施这些教学方法，教师们应该综合运用行为导向、项目、案例教学法，并结合现场教学和小组学习等多种方式。通过灵活运用这些方法,教师可以更好地满足不同学生的学习需求,提高教学效果。然而,要引入多样的教学手段,从传统的黑板粉笔到现代的多媒体应用,需要一定的资金投入。这也导致了一些学校受限于经费等原因,难以应用现代教学手段,形成了学校之间的教学资源差距。为了解决这个问题,教育部门和学校管理者需要加大对教学设施和技术设备的投入,确保每个学生都能够享受到高质量的教育资源。同时,教师们也应该不断自我更新,学习应用现代化的教学手段,以提高学生的学习兴趣和理解水平。

教师作为教育的中坚力量,需要灵活运用各种教学方法,不断提高教学质量和学生学习效率。通过持续的努力和创新,教育系统可以更好地适应科技发展的潮流,为学生提供更为丰富和高效的学习体验。

(六)构建师资队伍

1.拓宽师资引进的渠道

学校应该拓宽师资引进渠道,多方引进人才,壮大师资队伍。首先,减少应届毕业大学生的教师选聘人数。高校大学毕业生无疑具有深厚的理论知识,但作为高校而言,需要的是既能教给学生理论知识和专业技能,又熟知学生毕业后工作诉求的“双师”型教师。作为刚从高校毕业的大学生,对于自身工作尚有一定的盲目性,更无从对所教学生进行一定的职业指导,实际工作中需要的核心能力还在摸索中,对学生能力培养更是无从谈起,因此应减少应届毕业大学生的师资比例。其次,应多方引进与培养专业带头人。引进与培养有丰富幼儿园实践经验和广泛社会资源的专业带头人,同时,积极争取选派专业带头人参与各种学术会议与进修,到幼儿园进行顶岗锻炼,参与幼儿园教学、管理和科研等活动。这类教师的存在能在很好地带动专业发展的同时,也能解答工作中所遇到的问题,从而使学生更好地了解将来的工作岗位需求,让学生在学习上能有针对性地改进,为将来的工作做好更充分的准备。最后,培养骨干教师。每年选送骨干教师到幼儿园顶岗挂职锻炼,同时派教师到示范高校学习先进理念,拓宽教师视野。同时,也要鼓励教师参加“蒙氏”“育婴师”“营养师”等证书等培训与考核。

2.优化教师自身的能力

教师作为传道授业解惑的存在,除了要有深厚的学识外,自身的素质和能力也必须达到一定的高度。另外,对于新引进的应届毕业大学生,理论知识扎实但实践动手能力薄弱,自身能力体系有待完善,基于这样的情况,学校可以对新进教师采取进修的方式来增强教师动手实践能力和核心能力的培养。同时在寒暑假时，也可以安排教师到幼儿园、幼教机构等进行学习，了解行业最新动态与新技术，提高自身实践能力。例如学前教育专业教师可以到幼儿园进行参观实习，通过实地观察、参与工作，深入了解幼儿园教师的工作，同时对发现的问题及时找幼儿园教师进行解答，加深对本专业教育教学的了解，提高自身教学质量，提升自身核心能力。学校也可以定期开展师资培训班，为教师们提供一个交流学习的场所，让教师得以更新知识，了解国际前沿科技成果，交流教育教学心得，提高自身能力。如此一来，教师的整体素质有了提高，同时也为学生能力的培养奠定了坚实的基础。

（七）变革评价机制

1.总结性评价与形成性评价的融合

在高校学生的学习过程中，动手实践能力占据着极为重要的地位，其在全面评价学生方面发挥着关键作用。这种实践能力的要求不仅较高，而且占据学业评价的主导地位，远非简单的书本知识能够涵盖的。相较于传统的知识性评估，动手实践所涉及的能力更为抽象，不容易通过单一的题目得出确切的分数。因此，针对学生的实践能力，教育界普遍认为形成性评价是一种更为合适的评价方式。形成性评价不依赖于临时的考试成绩，而是通过教师在平时对学生实践、练习等方面的观察，为学生提供更为全面和深入的评估。这种实时观察不仅使教师更好地了解学生的发展情况，同时也促使学生逐步认识、发展和完善自我。教师通过形成性评价，能够在学习过程中灵活调整教学目标，帮助学生更好地实现这些目标。

对于基础和专业课程而言，总结性评价仍然是最为有效的选择。总结性评价有助于整体把握学生在一个特定阶段内的学习成果，为学生提供更为全局和系统的反馈。通过对学生在课程中的综合表现进行评估，教师可以更好地判断学生是否达到了课程设定的目标，并为后续的学习提供指导。

无论是总结性评价还是形成性评价，学生能力的培养最好通过形成性评价来完成。这种评价方式不仅关注学生的学习成绩，更注重学生全方位的发展。这有助于培养学生的核心能力，使其在未来能够更好地应对各种挑战。

2.对学生能力培养进行全面评估

在学生能力培养的过程中，综合考量是至关重要的，评价方式应当巧妙结合总结性评价与形成性评价。总结性评价主要聚焦于对学生知识与技能的全面评估，同时反映了其自我学习能力。这一方面有助于了解学生在知识体系上的掌握情况,另一方面则提供了对其自主学习的见解。形成性评价在教学中占有重要地位,它强调学生在动手练习和实践中的表现,涉及解决问题、创新、信息处理以及沟通等关键能力。这种评价方式不仅促使学生更好地理解理论知识,还培养了实际操作的技能,为未来职业生涯打下坚实基础。

在实习过程中,实习单位需对学生表现进行全面评估,为学生提供综合能力反馈。除了专业知识和技能外,学生心理素质和职业道德等因素也应纳入评价范畴,从而更全面地了解学生的综合素质。

通过多方面的评估结果进行综合分析,有助于发现学生的优点并加以表扬,同时指导培训不足之处,实现全面提高学生能力的目标。这一过程不仅是对学生的全面培养,也为其未来职业发展提供了有力的支持。因此,在学生评价的过程中,综合性、全面性以及及时性的特点应当得到充分体现,以促进学生全面素质的发展。

二、高校学前教育专业学生的职业核心能力培养创新

提高学生的专业能力和职业素质,实现人才的创新培养,不仅是学生自身发展的需求、学校办学的使命和任务,也是社会对高素质技能型人才的要求。当前,学前教育行业发展越来越快,社会上对该专业人才的需求量越来越大。高校作为培养学前教育专业人才的重要场所,要切实提高学前教育专业教学质量,培养学生的职业核心能力。

(一)学前教育专业学生需具备的专业素质

第一,高校学前教育专业学生需具备坚定的教育信念与认真的教育态度。这包括拥有健康的教育观、育儿观和教育哲学思想,形成个人独特的教育观念和理念,由衷地热爱学前教育事业,并致力于为其发展以及幼教事业的进步贡献力量。此外,学生应具备认真负责的教育态度,对学生、家长、同事、学校和自己的教学工作负责,不断提升专业能力。在遵循相关规定和要求的基础上,将所学灵活应用于学前教育,对待工作认真负责,对每一位教育的学生充满关爱。只有如此,学生才会努力提高自身的职业能力。

第二,高校学前教育专业学生应具备超强的保育能力。面对负责较低年龄层儿童的学前教育,首要任务是确保孩子们的安全和健康。学前教育专业学生应充分了解这一年龄段儿童的饮食习惯、生活习惯和身体发育状况,既能照料他们的日常生活,保证健康的饮食与作息习惯,使儿童在照顾下健康成长,又能根据不同年龄学生的生活与行为习惯,制定合理的预防与解决方案,正确处理儿童常见事

故，妥善解决儿童之间的冲突，确保儿童的安全。

（二）学前教育专业学生职业能力培养的方法

第一，坚定学生的教学理念，加深学生的职业情感。学前教育的主体是低龄儿童，要想让高校学前教育专业的学生能够坚定自己的教学理念，加深自己的职业情感，就必须要让学生充分了解这些低龄儿童，与这些儿童多互动。在互动的过程中加深对孩子的喜爱，以及对学前教育这份工作的喜爱。高校可以与当地的学前教育机构、社区等开展合作，一起举办活动。例如，讲故事、做游戏、自由交谈等，增加学生与儿童之间的互动和交流，使学生能够对儿童有更多的了解；也可以和学前教育机构进行协助教学的工作，组织学生到学前教育机构参观、学习，体验幼教工作，增加对学前教育工作的了解。

第二，创新教学方法，开展学生个人技能培训课程。调整和变革传统的高校学前教育专业教育模式和培训方式，创新使用多种新型的学习方法，如小组合作讨论法、案例研讨法、任务驱动法和项目探索法等，使学生更多地依靠自己的自发性和主动性学习和掌握专业知识，并在这个过程中将理论与实际案例联系起来。要为学生开展多样的个人技能培训课程，增强学生的自主选择性，并提高个人技能培训与考核的重视程度，为自主选择该项技能培训的学生提供更多的课时和专业的技能培训。同时，也要有严格的考核机制来督促学生能够按照计划真正提升该项技能。

第三，组织职业技能比赛。职业技能比赛作为一个平台，使得参赛学生在比赛的过程中，能够真实地接触到学前教育对于自身的素质要求，使得参赛学生在发现问题、解决问题过程中，逐渐实现了自身理论水平的提升，促进了职业技能的提升。对高校学前教育专业的学生学习意识进行了强化，使得高校学生能够明确自身的人生规划，并以此为基础，进行职业学习计划的制定，提升自身的学习能力。同时，高校技能大赛作为一种媒介，能够让学生将日常所学到的各类理论知识与职业技能进行有机的联系，并使得高校学前教育专业的学生能够在比赛的过程中，互相交流经验，逐步构建起良好的职业技能培训模式，为自身职业技能的提升创造了良好的条件。

第三章 高校学前教育专业学生能力培养的多元路径

第一节 高校学前教育专业学生的教学能力培养

教学能力,作为教师从事教学活动和完成任务的核心能力,是其业务水平的主要体现。其结构主要包括具体学科教学能力、一般教学能力和教学认知能力三个方面。在认知能力方面,教师需要具备观察力、想象力、记忆力、思维力等多方面的素养,尤其需要突出逻辑思维和创造性能力。设计能力是教学过程中不可或缺的一环,包括教学设计能力,其中教师需要明确目标、分析教材、解决难点、选择策略以及实施评价等多方面的技能。传播能力是指教师运用语言表达、非语言表达以及教育信息技术的能力,这在有效传递知识和启发学生思考方面起着关键作用。组织能力则涵盖了教学组织、思想教育、协调各方教育力量以及组织管理等方面的素养。在这一层面,教师需要在教学过程中巧妙组织各种资源,使得教学活动更为有序和高效。交往能力是教师在教育教学活动中不可或缺的关键能力,包括师生交往和沟通能力。这一方面不仅能够促进学生的学习积极性,也有助于建立良好的师生关系,为教学活动的顺利进行提供了有力支持。

一、高校学前教育专业学生教学能力培养的影响因素

教学能力是在教学活动中逐步形成和发展起来的,是教师获得教学技能的基础。

(一)自我教育

在培养教学能力的过程中,自我教育被视为教师能力的重要源泉。这不仅包括学科知识的更新,更涉及广泛的自我教育力。自我教育力的构成要素包括培养学习兴趣、掌握学习方法、发展个性品质以及形成社会应变能力。这不仅仅是对课堂知识的掌握,更是对个体全面素质的锤炼。高水平的自我教育力直接关系到教学能力和教学质量,因此,在职前教育阶段,有必要培养学生积极向上的心理状态和自我教育力,为未来的教学工作奠定坚实的基础。

（二）教师素质

教师素质作为塑造教学能力的关键要素，尤其对学前教育专业的学生而言至关重要。在教学能力的培养过程中，强调实践经验的积累显得尤为关键。学前教育专业学生的教学能力培养不仅需要理论教学素质，还需要实践教学、操作素质的双重培养。然而，当前存在“双师型”教师在理论和实践之间存在不平衡的问题。为了提升整体素质，需要在培养过程中更加注重实践经验的积累，确保理论和实践素质的协调发展。

（三）课程因素

在学前教育专业中，传统的教学法课程一直占据着重要地位，然而，20世纪80年代末的教育改革中出现了课程设置上的不清晰。课程的不清晰不仅表现为“分科”到“综合”的转变，还涉及课程间关系的混乱。为了更好地反映对幼儿园教学活动认识的变化，需要理顺课程设置，包括理论与操作、不同活动之间的关系，以及与其他专业理论学科、人文学科、艺体学科的关系。通过减少内容的交叉与重复，优化课程设置，确保学前教育专业的课程体系更加科学合理，有助于学生全面发展。

二、高校学前教育专业学生教学能力培养的具体途径

在培养学前教育专业学生的教学能力方面，首要举措是强调加强学前教育专业课程和师资队伍建设。通过这一步骤，能够确保学生在接受系统教育的同时，能够获得充足的理论知识和实践经验。为了更加全面地评估学生的教学水平，该计划制定了专业技能训练与考核方案，其中包括独立设计幼儿园各领域教学活动、模拟教学、说课和评课等环节。整合课程内容和教育实习，进一步强化课堂教学技能训练，以确保学生具备扎实的基础和丰富的实践经验。此外，该计划还注重培养学生的教学监控、认知和操作能力，以提高他们在真实教育场景中的适应能力。

（一）运用案例分析法

提高学生教学能力的关键在于同时学习实践经验和专业理论，实现两者兼顾。为避免理论与实践的脱节，教学实践中应大量运用案例分析方法。案例分析有文字形式和影像资料形式两种主要形式。

第一，文字形式。文字形式的案例分析可在专业课程中帮助学生发展教学认知和操作能力。通过深入分析和理解书面案例，学生能够更好地掌握教学策略和

方法，将理论知识转化为实际操作的能力。

第二，影像资料形式。影像资料形式的案例分析通过完整教学录像引导学生学习教学组织等技能。学生通过观看教学录像，能够直观地感受教学环境和师生互动，从而更好地理解教学过程中的挑战和应对方式。此外，学生还可以通过对比分析已有活动方案和修改后的方案来发展教学能力。这种比较分析的方法使学生能够更深入地思考教学设计，提高教学方案的质量，从而培养出更具创造性和适应性的教学能力。除此之外，录像还可用于呈现有针对性训练任务的教学片段，引导学生分析失败原因。通过详细剖析失败案例，学生能够识别问题所在，并在今后的教学实践中加以改进。这种有针对性的反思和训练有助于学生建立更加全面和深刻的教学认知，提高应对各类教学挑战的能力。学生通过观看录像还可感知不同类型的教育活动，领悟学科课程和核心课程的真谛。通过多样的案例学习，学生能够拓展自己的教育视野，理解不同领域的教学特点，从而更好地为未来的教学工作做好准备。

（二）模拟教学实践训练

学前教育专业着眼于培养学生的教育实践能力，认为提高教学水平的有效途径在于通过实践中的不断探索。在平时的教学过程中，专业课程强调通过组织教学训练来培养学生的实际操作技能。为了更好地准备学生进行教育实习，学前教育专业特别注重模拟教学实践训练。这一训练包含两个关键部分：教学方案设计和模拟教学。一方面，在教学方案设计的训练中，学生被要求根据教学目标和幼儿身心发展的特点，设计富有创意和实际操作性的活动方案。活动设计的主题可以由教师规范选择，也可以由学生自行拟定。这种设计过程旨在激发学生的教育创新和独立思考能力，为他们未来的实际教学奠定基础。另一方面，在模拟教学的训练中，学生以小组为单位在实训室内进行模拟幼儿园活动的实际操作。这一过程的录像将被用于后续的反馈，通过集体讲评的形式，帮助学生理解并改进他们的教学方法。这种实时的反馈机制有助于教学质量的提升，同时也培养了学生的应变和改进能力。

这种综合的模拟教学训练不仅有益于提高学生的教学实践能力，还在培养学生的领导、组织和实施活动的能力方面发挥了积极作用。通过这些实际操作，学生得以更全面地发展自己的综合素质，为未来的教育工作奠定坚实的基础。

（三）多做说课训练

说课是一项有计划、有目的的教学活动，学生在备课的基础上通过分析教学任务、表述目标以及讲解方法来完成此项任务。通过说课组织教学,能事半功倍,特别是在学前教育专业课程中,这种效果更加显著。此外,说课旨在培养学生对教材、教法以及教学过程进行有效表达的能力,从而提高他们的教学水平和整体素质。

通过训练和考核,学生能够正确理解教学内容、把握重难点、构建合理教学目标,并选择科学的教学策略。这种过程强调了帮助学生从隐性思维到显性思维、从静态思维到动态思维的转变,同时锻炼了他们的教学监控能力。说课训练被认为是提高学生教学能力和整体素质的有效手段。

强调说课训练对学生教学能力的提升至关重要,通过合作学习和实践训练,可以逐步提高学生的教学水平。修正说课过程是一个关键步骤,使其更加合理和完美。通过不断的训练和反馈,学生可以不断改进自己的表达能力,进而提高教学质量。

三、高校学前教育专业学生教学能力培养的创新策略

（一）运用数字教学系统培养学前教育专业学生教学能力

数字化教学系统是一种基于现代技术构建的综合性平台,涵盖计算机、多媒体、网络和通信技术等要素,其构成包括教学、学习、实践、考试、评价和管理等多方面功能。该系统的科学管理功能使其成为一个网络化管理系统,能够有效地管理教学、学生学习、考试、评价和整体教育管理。通过科学的管理手段,数字化教学系统能够组织和处理各种资源,提高资源利用效率,为教育机构提供更精细化、高效化的管理手段。在教学资源制作与管理方面,数字化教学系统具备数字教学资源开发和视音频录制与转播系统。这使得教师和教育机构可以随时制作和管理丰富的教学资源,并通过网络方式传播。这不仅拓宽了教学资源的渠道,也为师生提供了更多丰富多彩的学习资料。这一功能的引入促进了数字教育资源的广泛利用,为教学提供了更多元化的选择,有助于提高教育教学的水平。另外,数字化教学系统还具备教学创新的功能。它支持多媒体教学、网络教学、学生自主学习和协作式学习等多种教学方式,为教学改革与创新提供了强大的平台。通过这些多样化的教学方式,数字化教学系统使得教学更加灵活多样,有助于满足不同学生的学习需求,促进教学方法的不断创新。

1.培养学生的职业认同感

一方面,学校可以通过运用专业职业性格分析软件进行心理测试,以个性化的方式培养有针对性的职业认同感。这种方法能够深入了解学生的个性特点和潜

在职业倾向,为其提供更贴近实际需求的职业建议。通过系统分析,学校能够在学生的专业发展方向上提供更为精准的指导,使学生更好地了解自己的职业定位。

另一方面,数字化教学资源的广泛运用是培养学生职业认同感的有效途径。通过媒体传播、图片和视频等数字化工具,学校能够更直观地呈现各类职业的实际工作环境和情感体验。这样的教学手段有助于激发学生对特定职业的兴趣,使其更深刻地体验和认同自己未来可能从事的职业领域。通过数字化教育的创新手段,学校可以打破传统教学的束缚,为学生创造更为多元和互动的学习体验,从而增强其对职业的认同感。

2.培养学生的专业知识

为了更好地传递基础理论知识,学校可以通过整合数字多媒体教学,采用案例视频和动画等形式来生动展现相关概念。这样的教学方式有助于激发学生的学习兴趣,提高他们对专业知识的理解与接受程度,为将来的实际应用打下坚实基础。

在培养专业知识的同时,采用多种教学方式也是至关重要的。学校可以结合网络教学和远程视频教学,使学生能够更灵活地获取专业知识。这种灵活性有助于满足不同学生的学习需求,提高教学的适应性和针对性。通过多样化的教学方式,学校可以更好地满足学生的学习需求,帮助他们更全面地掌握专业知识。此外,数字视音频摄录技术的运用也是一项有益的教学手段。特别是在艺术类教学中,通过数字化教学系统记录教学过程,学校可以创造更多的学习机会,让学生反复学习相关技能。这种实践性的学习方式有助于将理论知识转化为实际操作能力,为学生更好地应对未来职业挑战打下坚实基础。通过数字技术的支持,学校能够更好地整合资源,提升教学的深度和广度,帮助学生更全面地发展专业技能。

3.培养学生专业教学技能

学前教育专业学生面临着高要求的教学技能培养,这不仅包括掌握基本的教学活动,还需要具备儿童心理活动和突发事件处理的能力。在这一挑战背后,数字微格教学系统崭露头角,成为一项有力的辅助培训工具。这系统通过交互式学习和模拟场景训练,有助于学生在实际工作中灵活运用所学知识,提高应对儿童特殊情境的应变能力。透过数字微格教学系统,学前教育专业学生能够更全面地发展所需的教学技能,为未来的教育工作打下坚实基础。

(1)理论学习与基本操作。学前教育专业学生在数字微格教学系统中接受理论与操作培训。这包括对操作流程的灵活应用,该灵活性要求经过短期的理论学习,并由实践操作人员进行指导。这一阶段旨在确保学生理解系统的基本理论,并能熟练运用相关操作流程。

(2)专项技能讲析。在进行微格教学技能训练之前,教师需要详细剖析各项教学技能。这涵盖技能的含义、应用方法以及技术要领等方面。考虑到不同教学环节的特殊性,教师需要采用不同的方法、手段和策略,以确保提供学生全面的讲解,为技能训练打下坚实基础。

(3)教学系统设计。学生在确定训练技能后,需要进行系统化的教学流程设计。这一阶段包括撰写详细完善的微格教学教案,旨在提高训练效果。教学系统的设计要确保充分覆盖相关技能,并为学生提供明确的训练方向和目标。

(4)教学实践及全程记录。完成教学系统设计和教案审核后,相关人员将安排听课、评价等环节实施教学技能训练。这一过程将全面记录,包括视频记录,为后期的评价和整改提供可靠的依据。通过实际操作,学生将更好地掌握所学技能。

(5)受训视频观摩及评价。学生在完成教学实践后,通过观摩受训视频进行综合评价。这一阶段不仅能够帮助学生全面了解自己的教学表现,还能为改进教学技能提供有针对性的建议,以达到熟练掌握各项教学技能的目标。

学前教育专业学生的教学技能培养不仅关系到个体的职业发展,更直接影响着幼儿教育水平的提升。在数字化教学系统的积极推动下,学生应主动借助这些先进工具,以更好地适应教育信息化的发展趋势。通过数字化平台,学生可以更灵活地获取实时教学资源,提高教学效果和质量。因此,积极投入数字化教学系统的培养过程,不仅有助于学生更好地应对未来的幼儿教育工作,也为我国幼儿教育水平的不断提升做出了积极的贡献。

(二)“全实践”理念下学前教育专业学生职业能力培养

学前教育正面临蓬勃发展,伴随着这一趋势,社会对学前教育专业学生的职业能力和综合素质提出了更高的要求。为了适应学前教育领域的优质高效、动态发展,以满足人才需求并实现与职业岗位的“无缝对接”,“全实践”理念应运而生。

“全实践”理念的核心在于将学前教育专业学生在校学习期间的所有实践环节整体系统定位,强调教育实践特性。这一范围涵盖了素质教育课、专业基础课、专业主干课、选修课、技能操作、见习实习、社会实践、寒暑假实践、毕业综合实习等多个教学环节。其目的在于促使理论与实践相结合,使课内与课外相互贯通,最终培养出既具备反思能力又智慧型的现代幼儿教师。

1.构建模块化、多层次、全方位的实践教学活动

学前教育专业人才培养方案紧紧围绕幼儿园教师的职业岗位能力展开,以确

保学生全面发展。其中,方案明确了“五大模块”:课堂教学、顶岗实习与见习、社团活动、技能竞赛、社会实践,并倡导采用项目化教学形式。这一设计强调理论与实践的有机结合,使学生在课堂外能够全面锻炼,培养实际操作能力,为日后顺利投身教育岗位奠定坚实基础。

(1)课堂教学。学前教育专业应当注重将各类教学法与教育技能有机融为一体。通过研究性学习,学生的理论素养和实践能力得以提高。特别是在专业实践技能课程中,融入蒙台梭利教学法、奥尔夫音乐教学法等,以强化实践教学分量。这不仅有助于学生在理论层面的深度学习,还能为他们未来的实际教学工作提供坚实的基础。

(2)顶岗和跟岗实习、驻园研习与见习。为了进一步培养学生适应职业岗位的能力,顶岗和跟岗实习、驻园研习与见习是至关重要的一环。通过在实践基地进行不同主题项目活动,学生可以检验所学知识的实际运用,并提高在职业领域中的适应力。这种全面性的实践不仅丰富了学生的经验,还形成更全面的职业素养,为他们的职业生涯奠定坚实基础。

(3)社团活动。在学前教育专业学生的实践技能培养中,社团活动扮演着不可替代的角色。各种社团组织和兴趣小组为学生提供了一个展示才华的平台,强化了职业技能。通过参与这些活动,学生能够培养团队协作精神,提高沟通与管理能力,使他们更好地适应未来的职业挑战。

(4)技能训练与竞赛。多样化的竞技类比赛与技能训练是培养学生专业技能的有效途径。例如,讲故事大赛、朗诵诗词大赛等形式丰富多样,全面培养了学生的专业技能。这种实际操作不仅提高了学生的表达能力,同时也促使他们形成“一专多能”的培养目标,更好地满足未来教育领域的多元需求。

(5)社会实践。通过社会实践,学生能够深入了解幼教机构的运作和专业发展状况。这不仅有助于巩固所学知识,更培养了学生独立思考、解决问题的能力。此外,通过实际接触,学生能够为未来的幼教职业生涯做好心理准备,获得更加明确的职业认同。社会实践是一个不可或缺的环节,为学生走向职场打下坚实的基础。

2.建立科学、健全、规范的职业能力考核长效机制

在新时代下,幼儿教师的职业发展与培训显得尤为关键。幼儿教师职业能力结构的确定成为一个重要的考量因素,包含多个要素,从而构建了综合性的考核内容和项目。其中,为了全面检验学生的职业能力水平,教育机构采用了技能抽查模式,通过每学期专业老师设计的技能抽查标准和题库,以反映最新发展和高校学前教育专业学生就业需求。

考核的范围广泛而具体，包括语言活动设计、班会活动设计、玩教具制作、家园共育栏策划等多个方面。这种多元的考核内容不仅促使学生在常态教学中取得更好的结果，而且有助于培养学生的职业习惯和职业素质。同时，为了更好地将学生的职业能力与实际职场需求相衔接，教育机构建立了与职业资格证书制度的联系，使学生在职业发展中具备更强的竞争力。

为了使职业教育更加有实质性，学前教育专业将职业教育功能融入教学中，通过开展职业技能培训与鉴定，推行职业资格证书制度，实现学生的全面发展。学生在职业资格证书的考取方面，不仅需要考取育婴师、保育员等国家职业资格证书，还需要满足制度上规定的英语、普通话等证书取得的要求。此外，为了更好地适应社会的多元化需求，学生还需取得计算机等级考试证书以及各项课程培训及竞赛的合格证书。这一全面的证书体系为学生提供了更广泛的职业发展空间，使其具备更强的综合能力。

在培养理念上，幼儿教师的培养已经摆脱了过去的瓶颈，实现了“全实践”理念的转变。这一理念的引导下，学前教育专业通过培养“宽口径、厚基础、强能力、高素质”的幼儿教师，致力于满足社会对于优秀幼儿教育从业人员的需求。通过这样的全面培养，学前教育专业不仅为学生提供了更丰富的职业机会，也更好地服务于社会的需求。

第二节 高校学前教育专业学生的保育能力培养

随着社会的发展和教育体系的不断完善，学前教育在儿童成长过程中的重要性日益凸显。作为未来幼儿教育的中坚力量，高校学前教育专业学生的保育能力培养显得尤为重要。这不仅涉及儿童身心健康的维护，也关系到我国幼儿教育质量的提升。

一、高校学前教育专业学生保育能力培养的问题

目前，我国高校学前教育专业学生的保育能力培养主要集中在课程设置、实践环节和师资队伍三个方面。课程设置主要包括学前卫生学、学前儿童发展心理学、学前教育学等专业知识，实践环节则包括幼儿园实习、亲子活动组织等实践操作。然而，现实中仍存在一些问题。

第一，课程设置不够完善。当前，高校学前教育专业的课程设置仍偏重理论教学，实践操作课程相对较少，导致学生缺乏实际操作经验，难以将理论知识应用

于实践中。

第二,实践环节薄弱。目前,高校学前教育专业学生的实践环节多集中于幼儿园实习,但实习时间较短,且缺乏系统的实习计划和指导,导致学生无法充分了解幼儿教育的实际操作和需求。

第三,师资队伍参差不齐。部分高校学前教育专业的教师缺乏实践经验,难以有效地指导学生进行实践操作,影响了学生保育教育能力的培养。

二、高校学前教育专业学生保育能力培养的策略

第一,完善课程设置。高校学前教育专业应增加实践操作课程,如幼儿游戏指导、蒙台梭利教育、奥尔夫音乐教育、手工制作等,以培养学生的实际操作能力。同时,应注重理论课程与实践课程的相互渗透,使学生能够将理论知识应用于实践中。

第二,加强实践环节。高校应与幼儿园建立紧密的合作关系,为学生提供充足的实习机会。同时,要制定系统的实习计划,明确实习目标和任务,确保学生在实习过程中能够全面了解幼儿教育的实际需求。此外,还应加强对学生实习过程的指导和监督,及时发现和解决问题。

第三,提高师资队伍水平。高校应加强对学前教育专业教师的培训和考核,提高教师的实践经验和教学能力。同时,可以邀请幼儿园的优秀教师来校授课或开展讲座,使学生能够从多方面了解和学习幼儿教育的知识和技能。

第四,增加学生实践机会。除了加强课堂实践和幼儿园实习外,高校还可以通过组织各类实践活动(如亲子活动、幼儿游戏设计等)来增加学生的实践机会。这些活动不仅可以提高学生的实践能力,还有助于培养学生的创新思维和团队协作能力。

第五,提高学生综合素质。高校应注重学生的综合素质培养,包括文化素养、道德品质、人际交往能力等。通过加强通识教育、开展社团活动等方式,提高学生的综合素质,帮助他们更好地适应未来工作的需求。

第六,建立多元化评价体系。为了更好地了解和评估学生的保育能力培养情况,高校应建立多元化的评价体系。除了传统的考试成绩外,还应将学生的实践活动表现、实习报告、教师评价等纳入评价体系中,从而更全面地反映学生的保育教育能力水平。

综上所述,高校学前教育专业学生的保育教育能力培养是幼儿教育质量提升的关键之一。为了更好地培养具有高素质的幼儿教师队伍,高校应从完善课程设

置、加强实践环节、提高师资队伍水平、增加学生实践机会、提高学生综合素质以及建立多元化评价体系等方面入手,全面提升学生的保育能力水平。只有这样才能够更好地满足社会对幼儿教育的需求并为我国幼儿教育事业的发展做出贡献。

第三节 高校学前教育专业学生的职业核心能力培养

一、高校学前教育专业学生职业核心能力培养的现实意义

(一)有利于提升学生的就业竞争力

高校教育在“以就业为导向”的培养目标中存在一种片面理解,主要表现在过于强调专业知识和技能,而忽视了其他关键能力的培养。学校在课程设置、教学内容以及课后实践中过度注重技能锻炼,使得学生的发展更加单一,缺乏综合素养的培养。这种单一追求技能的教育理念,使得毕业生在面对用人单位的需求时可能会显得匮乏。

在用人单位对人才需求方面,不仅仅需要具备专业技能的“技工”型人才,更加需要那些能够在多个岗位之间轮岗的“技能”型人才。这种全方位的能力要求超越了传统的专业技能培养,强调了学生在实际工作中的灵活性和适应性。然而,劳动供需关系的结构性错位使得宏观上劳动资源供过于求,导致人才过剩的情况。与此同时,劳动者的技能素质与用人单位的实际需求存在不匹配,造成一系列奇特现象,使得毕业生难以顺利就业。这结构性的错位问题需要更加全面和深刻的教育变革来解决。

在职业核心能力对就业竞争力的影响方面,用人单位更加看重求职者具备综合素养、沟通协作、问题解决等能力,而非仅仅专业技能。职业核心能力的培养不仅有助于提高学生的就业竞争力,更是对当前教育体系中片面追求专业技能培养的一种补充和修正。

对于学前教育专业学生而言,机遇与挑战同在。随着学前教育师资要求逐步提高,学生有机会更好地适应这一趋势。求职者在面试中展现综合素养比专业技能更为重要,这为学前教育专业学生提出了更高的要求。具备与人交流、与人合作、解决问题等职业核心能力对于学前教育专业学生的求职成功至关重要,因此,对这些能力的培养将大大提高他们的竞争力。在当前竞争激烈的就业市场中,注重职业核心能力的培养将为学生创造更广阔的就业机会。

（二）体现对学生可持续发展与全面发展的影响

在高速经济增长的推动下，传统产业正面临着逐渐消失的命运，而新兴职业却如涌泉般迅速涌现。这一经济变革的浪潮在高新技术的冲击下愈演愈烈，尤其是信息和计算机技术的提升不仅深刻改变了传统职业的内涵，同时推动了管理、生产和社会消费方式的全面变革。虽然职业形态在这个过程中得以保持，但工作方式、职能和技术经历却经历了翻天覆地的变化。

随着经济的蜕变，职业流动性和转变成为一个突出的特征。高频职业变换不仅在同一单位同一部门频繁发生，还扩展至跨足不同单位和行业。劳动者面临的挑战是需要同时具备当前岗位的胜任能力和适应岗位变更的能力。因此，职业消亡推动劳动者选择转行，使职业变换和岗位流动成为职业发展的常态。在这个不断变化的职业环境中，学校培养的职业核心能力变得尤为重要。可持续发展能力成为关键，劳动者不仅需要适应当前岗位，还必须具备变更和调整的能力。这种培养的职业核心能力不仅是当前岗位的需求，更是具有可迁移性的，对学生的职业生涯产生着长远的影响。

高等教育在这个背景下被划分为三个阶段，分别是生存就业教育、适应岗位变迁教育以及实现个人高远目标的教育。在这些阶段，专业知识和技能仍然占有重要地位，但更为关键的是职业核心能力的培养。学会学习能力，使劳动者能够快速获取所需知识与技能，从而更好地适应不同岗位。沟通交流能力有助于信息处理和人际关系建立，促进工作的顺利开展。问题解决能力使劳动者能够更从容地应对职场挑战。

在校培养的职业核心能力具有重要的意义。这不仅为学生提供了综合素质和能力准备，还为他们未来顺利进入工作岗位和在职场脱颖而出奠定了坚实的基础。职业核心能力的培养不仅关乎个体的职业成功，更是对整个社会的职业结构和经济发展产生积极的影响。职业核心能力对职业生涯的影响是深远而持久的。无论专业学生选择从事本专业工作还是转行，这些能力都对可持续发展和全面发展产生着深远的影响。在充满变数的职业道路上，具备扎实的职业核心能力将成为劳动者不可或缺的利器，帮助他们在激烈的竞争中脱颖而出，实现个人职业生涯的成功与成就。

二、高校学前教育专业学生职业核心能力培养的构成要素

学前教育专业职业核心能力体系明晰划分为学习能力、方法能力、社会能力、

思维能力、心理承受能力五大要素。每一项核心能力都经过仔细阐释，明确了培养目标。这一系统化的设计使学生能够全面提升个体潜能，不仅关注知识的传递，更注重培养学生的学习方法、沟通与协作技能，以及在压力下保持良好心理状态的能力。通过这样的职业核心能力培养，学生将更好地适应和胜任未来复杂多变的学前教育职业。

（一）学习能力

学习能力对学前教育专业学生的职业核心能力至关重要。在校阶段，学生需培养系统观察、分析和质疑能力，同时保持对新知识和新技能的好奇心。这些培养过程将对其未来职业发展产生积极影响。毕业后，幼儿园教师面对好奇而活泼的幼儿，需要持续学习，这不仅是增值自身的关键途径，更是保障顺利工作的基石。持续学习使教师能够不断适应并引领教育领域的发展，更好地满足儿童成长的需求，构建更富创意和深度的教育环境。

一方面，为了培养自己的自我学习能力，学生先要在学习上进行合理的时间分配，并深入了解学前教育专业。除了学校设置的基础课程，要有选择性地学习与未来工作相关的课程，以建立更为全面的知识体系。学习能力在于如何用有限的时间获取更多的知识，要善用各种学习技巧和策略，提高学习效率。同时，培养批判思维也是关键，要对教师所教授的内容进行反思，不满足于表面的知识，而是不断拓展自己的知识库，以便更全面地理解和运用所学。

另一方面，学生要具备理论与实践相结合的能力，特别是对于幼儿教育专业而言。幼儿教育教师不仅需要丰富的理论知识，更需要实际动手能力。学生必须具备创设健康、优美的班级环境的技能，同时能够有组织地策划和实施有益的班级活动。在这个过程中，学习能力不再仅限于知识的获取，还包括技能的习得和应用。通过将理论与实践相结合，学生可以更好地应对未来工作中的各种挑战，确保自己不仅具备深厚的专业知识，还能够灵活运用这些知识来解决实际问题。

（二）方法能力

方法能力是评价学生解决问题的重要指标，涵盖了通过已掌握的手段、方式、方法等解决各类问题的能力。除了基本的学科知识，辅助性能力在这方面起着关键作用，其中包括外语应用能力、信息处理能力和数字应用能力。

在外语应用能力方面，学生需要熟练掌握英语的听说读写能力，同时具备阅读外文文献并进行相关分析的能力。这不仅使学生在跨文化环境中能够自如地交流，还为他们更深入地研究相关问题提供了必要的工具。在教学中，流利使用英语进行“双语”教学以及组织各类活动也是外语应用能力的一部分,这有助于培养学生在多语境中的适应能力和沟通能力。

信息处理能力是当今社会中不可或缺的技能之一。广义上,信息处理能力指的是运用计算机信息处理技术对信息进行获取、加工、处理、应用、传递等的能力。在学术领域,学生需要具备获取信息、整理信息、传递信息和展示信息的能力。在教学中,应用信息处理能力对信息进行筛选、整理和传递,以实现教学目的。这有助于学生更加高效地获取知识,同时也为他们今后在工作和研究中处理复杂信息提供了基础。

数字应用能力是现代社会中不可或缺的一项核心能力。学生需要具备运用数字应用知识和技能获取、读懂、归纳整理数据的能力。这包括从不同信息源获取相关数据信息,读懂图表上的数据,对数据进行分类汇总的能力。此外,数字应用能力还要求学生能够编制统计图、统计表、坐标图、示意图、流程图,并选用适当的方法展示信息和计算结果。这不仅有助于学生在学术研究中更好地分析和解释数据,还培养了他们在实际问题中运用数字技能解决问题的能力。

(三)社会能力

社会能力是一个人在社会的人际交往过程中所需要用到的各种能力,可以借以构建个人社会关系,增强社会责任感,从而更好地为以后的生活和工作服务。社会能力主要包括沟通交流能力和与人合作能力。

1.沟通交流能力

沟通交流能力是指个体在事实、情感、价值取向和意见、观点等方面采用有效且适当的方法与对方进行沟通和交流的能力。作为学前教育专业学生,将来工作的对象是幼儿,沟通交流能力显得尤为重要。概括而言,可以从四方面进行界定:交流的对象、交流的目的、交流的方式、交流的手段。在工作对象上接触最多的是幼儿园的学生,因此在方式和手段上也必须有所侧重。幼儿的语言能力还没成熟,交流方式也就不局限于口头述说,还可以通过肢体语言、表情等促使幼儿获取教师传递的信息,同时在教学上也可以通过播放图片和动画等手段来加强与学生的沟通。除了注重与幼儿的沟通交流外,学前教育专业学生还应注重口头陈述能力(与家长、同事的沟通,做演讲等)、书面陈述的能力(如发通知、写报告等)等沟通交流能力的提高。

2.与人合作能力

与人合作能力是在生活和工作中逐渐形成的一种与别人相互合作、相互促进、共同发展的能力。

(1)正确认识自我,尊重关爱他人。部分人有可能是自我中心者,也有部分人可能有着自卑、懦弱、蛮横、自大等不同性格,这些人与人合作的能力有可能稍显薄弱,不能正确处理自身人际关系。作为学生,要充分认识自我,不欺负弱小,尊重关爱他人;同时,性格懦弱者也应该进行自省,充分认识自身缺点,并尽量克服与他人交流合作的恐惧,进而完善自我。

(2)对他人的做法与观点等持正确的态度。同一件事情有可能不同的人持有不同观点,与人合作必须接纳别人观点,才能把一件事情做得更加完美。当然,别人意见或观点与自己相矛盾时,也不应该横加指责,而应委婉表达劝说。

(3)学会宽容、忍耐、谦虚礼让等做人美德。具有较强合作能力的人,是会倾听别人意见、凡事宽容忍耐的人。幼儿园教师是个需要极度耐心与宽容的工作,很多时候对于家长的误解需要耐心地倾听,宽容地对待,教师与家长是孩子成长过程中必不可少的重要角色,通过彼此互相配合合作,从而达到家长希望的孩子教育好了的同时,也使教师的职业感悟更深了的双赢局面。

(四)思维能力

思维能力是对实际问题运用方法能力进行分析整理,使得感性材料转化为理性认识,同时形成自己的一套理论并有所创新,最终解决问题的能力。主要包括解决问题能力和创新能力两方面。

解决问题能力是指在实际工作中发现问题并提出具体解决方案,最终解决问题的能力。一方面,在幼儿园工作中,有必要强调利用自身的认知与知识去解决现实问题中的跨学科性质的问题的能力。例如,幼儿在游戏活动中的摔伤,在没有送医前需要做好的一系列急救措施,应对医护人员到来前突发情况的能力;幼儿在幼儿园中的伙食涉及的营养学问题等。另一方面,在游戏活动中进行随机应变的实时教育的能力。幼儿教育并没有特定的课程,也没有硬性规定的上课时间,幼儿园对幼儿进行看护照顾,提供玩耍场所,并进行一些简要的知识启蒙。在这样的前提下,幼儿的教育机会是随时随地发生的,例如,很多时候幼儿会发生争抢和攻击行为,这样的问题很常见但不容易解决。因此,当幼儿发生争抢行为或者攻击行为的时候,幼儿园教师要对幼儿进行适当的教育,教会他们友爱同伴、谦让朋友,从而在根本上降低幼儿争抢行为和攻击行为发生的频率。作为幼儿园教师,问题是随时会发生的,解决问题的能力是重要的,同时也是必不可少的。

创新能力主要指思维开阔、敢于想象、不囿于条条框框,能把新思想应用到新事物并制造出新事物的能力。作为幼儿园教师,对于幼儿具有的丰富想象与大胆构想应当进行引导与鼓励,充分激发幼儿的创造力。因此,在引导幼儿的同时,教师也必须具备创新能力,创新教学内容,创新教学方式,走在教育教学前沿。

(五)心理承受能力

心理承受能力是指拥有自信心与良好的心理素质,并能适应环境、承受挫折的能力。幼儿教师是一种特殊的职业,教学的对象是幼儿,因此在工作上必须付出极大的耐心与细心,同时也面对着来自外界的监督。在这样高强度的工作压力下,决定着幼儿园教师必须拥有健康的心理素质,可以承受住来自社会、家长等方方面面加诸在身上的无形压力,这也就突出了教师心理素质的重要性,要求教师必须具有乐观开朗的性格、积极进取的精神、饱满的工作热情、坦荡宽广的胸怀、融洽的人际关系以及正确的角色认知,在工作上要有敢于创新的精神、善于接受新知识与新事物的能力、自我情绪调控的能力以及勇于面对挫折的勇气,这些都是幼儿园教师必须具备的良好心理素质。

随着幼儿园教师工作强度的提高、分工的细化、压力的增大,幼儿园教师的心理健康也越来越受到人们的重视。无论是传统社会还是现代社会,人们对教师的知识水平与道德素质都提出相当高的要求,这也对教师的职业心理增加了一定的外在压力。从新闻媒体中频频曝光的幼儿园教师非人性化的虐童行为中可以看出,即使到了儿童权益保障和学前教育立法逐渐完善的今天,还是有少部分幼儿园教师存在着各种各样的心理问题,其心理健康状况也令人担忧。因此,作为幼儿园教师,必须要有健康的心理素质以及良好的心理承受能力。

三、高校学前教育专业学生职业核心能力培养的途径

(一)确定培养目标

在学生职业核心能力的培养过程中,通过把学前教育专业技能渗透到核心能力培养当中去,使学生对职业核心能力有更清晰的认识,同时也对职业核心能力的培养目标有更明确的把握。这样,在学生学习专业知识与专业技能的同时,也促进了学生职业核心能力的提升。

(二)创设校园氛围

1.营造丰富的校园文化

学校作为人才培育的场所,对学生能力与品质方面有着潜在的熏陶作用。良

好的校园文化作为一种隐性课程,对学生的良好行为习惯与能力养成有着巨大的作用。而职业核心能力的培养只有从观念上改变,形成一个注重核心能力培养的氛围,职业核心能力的培养才能拥有良好的外在环境。

学校应该对职业核心能力的培养进行一定的宣传,从而使职业核心能力的概念深入人心,形成全校重视的培养氛围。同时,学校还可以适当地举行一些学术活动、艺术比赛等引导学生职业核心能力的发展,如歌唱比赛,在锻炼学生的组织管理能力、沟通交流能力的同时还能促进学生之间的人际交往;微视频大赛,让学生在视频准备、制作的过程中无形间提高自我的信息处理能力、数字应用能力等。在这样潜移默化的过程中,学生自然而然地应用了核心能力,做到从做中学、从玩中学的良好循环。

2.支持学生的创新行为

无论是创新思维或是创新技能,对于职业核心能力的培养作用都是巨大的,因为一个人在进行创新的过程中,往往会综合应用其他的能力,如沟通交流能力、与人合作能力、解决问题能力等,从而导致其他的能力都会得到相当的锻炼。学校可以设计创新教育与实践的系列课程,培养学前教育专业学生的创新能力;可以为学生提供幼儿园实习和教育创新项目等实践机会,让学前教育专业学生有机会将所学理论知识应用到实际工作中,通过实践提升创新能力;可以通过建立如创新奖学金、创新项目资助等激励和评价机制来鼓励学生进行创新尝试,对具有创新精神的学生和项目给予肯定和奖励;可以建设一些诸如创客空间、教育技术实验室等创新平台,为学生提供进行创新活动的场所和设施;可以鼓励跨学科的合作,鼓励学前教育专业的学生与其他学科的学生进行合作,共同开展教育创新项目,通过跨学科合作可以带来不同的思维方式和观点,有助于激发学生的创新思维,并在实践和创新过程中,引导学生进行反思和总结,分析成功和失败的原因,提炼经验教训,为未来的创新活动提供借鉴。除此以外,学校还应加强对教师的创新教育培训,让教师掌握创新教育的理念和方法,从而更好地指导学生进行创新活动。通过以上方式,学校可以为学前教育专业学生的创新行为提供有力的支持,促进他们在学前教育领域发挥创新精神和能力,为社会培养出更多具有创新精神的学前教育专业人才。

(三) 创新教学方法

行为导向教学法和项目教学法在提高学生职业核心能力方面发挥着重要的作用。不再仅限于传统的课堂教学,这两种教学方法将实践环境纳入教学范围,为学生提供了更为有效的学习场所。特别是在学前教育专业中的手工制作课程中,项目教学法得到了成功的应用。通过让学生组成小组协作完成手工任务,这种方法激发了学生在项目中培养各种职业核心能力的机会。

为了全面培养学前教育专业学生的职业核心能力,高校学前教育教师可选择多种教学方法,包括行为导向教学法、项目教学法和案例教学法。这种综合运用不仅能够提升学生的学习体验,也有助于促进其职业核心能力的全面提升。然而,实施这样的多样化教学方法需要相应的资金投入。由于一些学校面临经费不足、场地限制和教师技能等问题,导致了现代化教学手段的应用受到阻碍,同时也造成了教学资源的浪费。

为提高教学质量,现代教学设备的应用变得尤为重要。教育者需要主动更新自己的教学手段,学习并应用现代化教学方法,以激发学生的学习兴趣并深化对知识的理解。只有通过不断自我提升,教师才能更好地引导学生适应现代社会的需求。在这一过程中,课堂教学的多样性也是至关重要的。采用光学手段(如幻灯、投影)、图文视听手段(如远程教学、有线电视)以及电子图文手段(如3D模拟图)等多样化的教学手段相结合,有助于提高教学质量和学生的学习效率。

(四)优化课程设置

1.加大实践课程的比例

学前教育专业学生毕业后的追求是成为具备职业素质、学前教育基础知识、艺术功底和教学技能的一线幼儿园教师。然而,学生的经验和知识往往处于隐性状态,需要通过实践融合进行“激活”和应用。尽管高校实训基地被认为是培养职业核心能力的最佳平台,许多高校更倾向于进行理论教学,而缺乏实践锻炼。

实践培养的忽视间接减少了学生参与实践的机会,使他们仅仅掌握理论知识,从而影响了职业核心能力的培养。因此,实践是培养学前教育专业学生职业核心能力的有效途径。举例来说,在布置幼儿园室内环境任务中,学生通过实地观察、设计、交流、合作、信息处理和问题解决等能力的实践,可以显著提高他们的职业核心能力。

为了弥补这一不足,课程设置上应该倾斜向实践,增加实践课程的比例,以强化学生职业核心能力的培养。这样的调整能够确保学生在理论知识的基础上更好地运用实践技能,使他们更适应未来成为一线幼儿园教师所需的实际工作环境。通过提高实践课程的权重,学生将更全面地掌握幼儿教育领域的实际操作技能,并更好地应对职业生涯中的各种挑战。

2.渗透职业核心能力的培养

职业核心能力的培养需要以课程作为依托,通过把职业核心能力渗透进学前教育专业的相关课程中,达到职业核心能力培养的目的。

(1)在理论课程中,特定的学科如《心理健康教育》为学生打下了发展职业核心能力的基础。这类理论课程不仅让学生深入理解心理素质的本质,还通过多门课程的学习悄然培养了学生的学习能力。在这一过程中,教师的积极引导显得尤为关键,他们需要通过灵活的教学手段,使职业核心能力在课堂中得以充分体现。值得注意的是,一些隐性存在的职业核心能力也需要教师有意识地引导,以免学生在学习过程中忽略锻炼的机会。通过教师的引导,职业核心能力逐渐渗透进理论课程,学生自然而然地将其运用到新的学科中,形成了一种良性的循环。

(2)在实践课程中,学生将在之前理论课程中培养的职业核心能力意识和学习方法付诸实践。通过幼儿园情景模拟或实习,学生能够将所学的核心能力应用于实际的工作场景。实践课程的目的在于通过这样的方式,使学生在真实的工作环境中渗透职业核心能力,从而实现培养目标。这种融合理论与实践的方式不仅使学生在职业核心能力的培养中更具有实效性,同时也为他们提供了更为丰富的学习体验。通过这两个层面的有机结合,学生得以在理论与实践中全面发展,为未来的职业生涯奠定了坚实的基础。

3.创设职业核心能力的课程

学前教育专业学生的学习过程中,核心能力培养成为贯穿其学业的主题。这一过程中,专门的培训时间显得尤为重要。在基础课程学习阶段,学校应该设立职业核心能力课程,以确保学生能够深入了解和掌握相应的培训方法。为了支持这一目标,人力资源和社会保障职业技能鉴定中心发布了六项职业核心能力培训教材。这些教材涵盖了交流能力、解决问题能力、信息处理能力等多个方面,为学生提供了全面的培训内容。

然而,值得注意的是,教材排除了创新能力和外语应用能力。这并非因为这两项能力不重要,而是因为它们在实际工作或生活中可能在其他核心能力训练中体现得更为明显。对于学校而言,这些教材的推出填补了职业核心能力培养教材的空白,为人才培养提供了积极的意义。学校可以借助这些教材在职业核心能力课程中进行教学,从而更好地培养学生的综合素质。

学校在开设职业核心能力课程时,可以参考这些教材并结合学校的需求和专业特色进行调整。然而,需要注意的是课程的合理安排。教材规定每项核心能力的训练课时不得少于30个课时,因此在课程设计中,需要综合考虑各项能力的重要性，并合理分配培训时间。这有助于确保学生在各方面都能得到充分的培训，使他们在未来的职业生涯中能够胜任各种复杂的任务和挑战。

（五）加强实践教学

1.提升实践教学比重

教师在编写教案时，应该更多地采用实践案例或者场景教学，以此提高教学的趣味性，帮助学生最大限度地吸收掌握新知识。在实践案例上，教师可以适当摘取时下最新的关于学前教育的案例，无论是发生在社会上的还是在幼儿园中的，通过口述或者视频的形式展示给学生，然后教师分析案例的细节，结合学前教育相关知识模拟解决案例中的问题，促使学生理论与实践相结合，更好地把所学知识应用到实践中去。

2.提供学生实践机会

(1)提供学生模拟教学的环境，让学生实际体会教学过程。在实训中，通过模拟真实的幼儿教学场景，从而达到职前培训的目的。一开始由教师对幼儿教学场景进行示范，也可以通过视频直观展示，教师通过指导学生如何进行教学以及指出相关注意事项，为学生接下来的模拟教学做好铺垫。教师演示完后，学生自行进行设计“模拟教学方案”。教师模拟者进行教案撰写、活动设计，并根据教案进行活动准备；幼儿模拟者主要扮演幼儿园的学生，配合教师模拟者的教学。一轮展示结束，教师模拟者与幼儿模拟者互换，开始新一轮的教学展示，如此一来，多次的交流学习更容易发现问题，同时也能提高个人教学能力。

(2)组织学生去幼儿园见习，实地观摩幼儿教师的教学过程。在学校已有模拟教学的基础上，组织学生到幼儿园进行实地学习，通过学生自行观察幼儿的情况、幼儿园教师的教学过程，从而把观察所得与自身所学进行对比，找出自身不足与所长，扬长避短，查漏补缺，完善教育教学技能。

第四节 高校学前教育专业学生的实践能力培养

当今社会，普遍重视个体的实践能力，实践能力的培养也是培养创新型人才的首要任务，而教师自然承担了这个重任。因此，提高教师的实践能力不仅关系到教师的个人发展，也关系到一个学校乃至国家的发展。

一、高校学前教育专业学生实践能力培养的现实价值

高校学前教育专业学生的实践能力不仅关系到教学目的与任务的完成，也关

系到学前教育专业学生自身的专业成长,是幼教实践能否适应幼儿身心特点的重要保障。

（一）实践能力是学前教育专业学生帮助幼儿发展的保障

学前教育专业学生对于幼儿不仅有教育义务,还有教养责任。在教育方面,学前教育专业学生应积极培养幼儿掌握正确的学习方法及端正学习态度;在教养方面,学前教育专业学生须尊重幼儿、信任幼儿,建立起幼儿对于学前专业人才的依赖关系。同时学前教育专业学生还要肩负起塑造幼儿良好性格的重任。当今社会,家长对于幼儿的发展及教育十分重视,并且社会竞争力日益激烈,在客观上要求学前教育专业学生具有扎实的教育与专业知识、丰富的教学实践经验及灵活的教育智慧。学前教育专业学生的教学实践能力不仅依赖于日常的教学工作,也建立在教师不断的自我反思的基础之上。较强的实践能力可以帮助学前教育专业人才理顺教学过程中的复杂问题,同时也可以帮助幼儿健康发展。

（二）实践能力是现代学前教育专业学生发展的重要内容

学前教育专业学生的实践化是一个旨在实现教学、教师自我学习以及角色期望的深刻过程。在这个过程中,新手教师被要求不仅要具备扎实的专业知识素养,同时还需要不断提高个人实践知识和能力,以适应教育领域的日益变化和挑战。

对于学生而言,在总结自己的教学经验的基础上,需要从全局观出发,以更深入的方式分析和解决问题,预判教学活动的多种可能性。这种全面的思考和预测是提升实践能力的关键步骤。随着实践能力的提升,学前教育专业人才的教学技能变得娴熟,班级管理也变得更加有效,形成了自我监护和调节机制,使得他们能够更好地适应教育现场的复杂情境。

自我实践反思是提升个体实践能力和专业水平的重要途径,其过程涉及多层次、多角度和多学科的分析。通过对自身实践的深度思考,个体能够更好地理解和应对复杂的教育挑战。实践能力具有缄默特性,通过实践展示和分享,可以促使多种方式的实践性知识相互转化,进一步丰富个体的专业经验。

实践能力的优化不仅对个体专业成长具有重要意义,同时也在提高整个教师团队的专业水平中扮演着关键的角色。一个具有卓越实践能力的教育团队能够更好地应对教育领域的挑战,提供更高质量的教学服务。因此,将实践能力纳入学前教育专业学生的培养体系,不仅是对个体成长的投资,也是对整个教育事业可持续发展的有益贡献。

二、高校学前教育专业学生实践能力培养的途径

第一,完善实践教学体系。高校应建立完善的实践教学体系,包括课程实践、专业实践、综合实践等多个环节。课程实践应结合专业特点,设置针对性的实践教学内容;专业实践应引导学生参与教育实践活动,培养实践操作能力;综合实践应注重学生的问题解决能力和创新能力培养。

第二,加强师资队伍建设。高校应加强学前教育专业师资队伍建设,提高教师的实践指导能力。教师应具备丰富的实践经验,掌握先进的教育理念和方法,能够有效地指导学生进行实践活动。同时,高校应引进具有实践经验的教育专家和一线教师,共同参与学生的实践能力培养。

第三,增加实践教学比重。高校应适当增加实践教学的比重,提高实践教学的质量。实践教学应贯穿于整个教学过程中,包括课程设计、毕业设计等环节。同时,高校应加强实践教学的管理和评估,确保实践教学的有效性。

第四,开展校企合作。高校应积极开展校企合作,与幼儿园等教育机构建立紧密的合作关系。通过校企合作,学生可以深入了解幼儿园的教育实践,提高自己的实践能力。同时,高校还可以邀请幼儿园教师参与实践教学,共同培养学生的实践能力。

第五,加强校园文化建设。校园文化建设是培养学生实践能力的重要途径。高校应加强校园文化建设,营造良好的教育氛围,引导学生积极参与教育实践活动。例如,高校可以组织学生开展教育技能比赛、教育实践活动周等活动,鼓励学生将理论知识与实践相结合,提高自己的实践能力。

高校学前教育专业学生的实践能力培养是当前教育改革的重要内容之一。通过完善实践教学体系、加强师资队伍建设、增加实践教学比重、开展校企合作和加强校园文化建设等多种途径,可以有效地提高学生的实践能力。未来,高校应进一步深化教育改革,优化人才培养模式,为学生的实践能力培养提供更加有力的支持。

第五节 高校学前教育专业学生的反思能力培养

反思,可以帮助学前教育专业学生认识到自身教学工作上的不足,有助于今后工作的开展,同时也适应了社会对于高校学前教育专业学生的要求。教学反思作为教师专业成长的重要内在途径,是学前教育专业学生走向成熟的催化剂,是

督促学前教育专业学生不断进步、超越自己的有效方式之一。学前教育专业学生的教学反思能力的形成主要依赖于教师在各类活动中的努力与磨炼,学前教育专业学生应正确认识和理解教学反思的内涵与价值,不断提高自身理论素养,明确教学反思的基本步骤,掌握教学反思的途径与方法,并在此基础之上不断提高教学反思能力与水平,真正实现教学反思对于促进自身专业成长的实效。

一、做到积极反思，培养教学反思的习惯

学前专业人员的专业成长过程就是不断反思,调整与重构自己教育理论的过程。因此,教学反思应成为学前教育专业人才的一种“自觉”行为,不是出于无奈,不是迫于任务,不是来自特定情境,而是时时、处处、事事中的一种自然而然的思考习惯。学前教育专业人才只有正确理解教学反思的含义与特点,切身体会到教学反思对其专业发展的价值,意识到教学反思的责任感,树立教学反思的自信心,才能逐渐养成教学反思的习惯。

第一,提高认识,树立教学反思的责任感。学前教育专业人才应认识到爱岗敬业、教书育人的重要意义,意识到对幼儿教育事业、对幼儿以及对自身专业发展的责任感,细心体察教育实践中的得与失,及时总结教育活动中的经验与教训,将反思贯穿于教育活动的全过程。激发自身进行教学反思的内在动力,逐渐树立教学反思意识,使教学反思从不自觉到自觉,从自觉到习惯。

第二,端正态度,树立教学反思的自信心。坚定的意志和自信心是学前专业人员坚持进行教学反思的保证。教学反思是反思主体自我剖析的过程,其实质是对日常生活中习以为常的行为图式和思维图式的抗拒和颠覆,通过批判对自己的教育教学行为进行理性的剖析。它要求学前教育专业人才具有勇气与坚定的意志,能够持续不断地、自觉地、积极地对自己的教育行为与教育理念进行深入思考,即使遇到挫折与困惑也应坚持不懈。因此,学前教育专业人才应端正教学反思的态度,不仅要对保教活动中成功、积极的因素进行总结与提升,更要对失败、消极的因素进行一定的批判与超越。学前专业人员应勇于寻找自己的问题,从容大度地面对自己的问题。敢于用“不满”的心态、批判的眼光去重视审视和考察自己已有的态度和行为,筛选并淘汰不良的习惯;在教学反思的过程中,能以豁达的胸怀接受他人的诘难,善于倾听他人的意见,理智地坚持己见。与此同时,教学反思还是一个持续不断的过程,需要持之以恒,坚持不懈。因此,不管遇到多少困难,都应有坚定的意志,树立教学反思的自信心。

二、注重理论积累，提高教学反思的水平

学前教育专业人员的教育理论水平决定了教学反思的深度和水平。丰富的教育理论知识是学前教育专业人才进行有效教学反思的重要思维“能源”，系统的专业理论知识是学前教育专业人才教学反思的前提和基础。教育理论来源于教育实践，又高于教育实践。学习教育理论可以帮助学前教育专业人才“识别”自己的教育实践，清楚地理解教育实践中的困惑，并有效地指导教育实践。因此，教育理论是学前教育专业人才教学反思的先导，教学反思是教育理论的引领下进行的思维过程。只有将保教实践中的问题上升到理论层面进行思考与分析，才能找出问题背后的原因。为了提高幼儿园教学反思能力与水平，教师应注重教育理论的积累，不断提高自身教育理论修养。

一方面，在专业阅读中积累教育理论。教学反思需要专业知识与教育理论的支撑，缺乏专业理论指导的教学反思是肤浅的反思。学前教育专业人员应养成良好的阅读习惯，通过阅读多渠道收集信息，扩大视野。在阅读的过程中，应注意把握作者的意图，洞察其思想内涵。既要吸收其合理内核，又要对其持批判审视的态度。在教学反思的过程中，能够通过查阅相关资料，借助有关理论对反思问题进行深入的剖析，为寻找有效的问题解决策略提供可能。学前教育专业人员可以查阅相关书籍资料，观摩优秀学前教育专业人员的教育教学活动，听学术报告，观看教育电视节目和教育电影等其他生动有趣的阅读学习活动来促进自我反思。思而激学，学得更有效；学而启思，思得更深刻。学前教育专业人员应在专业阅读学习中丰富自己的教育理论，在与前辈的对话中反思自己的教育教学观念，将读与教、读与思、读与研等结合起来。

另一方面，注重将教育理论与教育实践相结合，在实践中不断体会教育理论的本质与精髓。学前教育专业人才应重视在教育实践中学习教育理论知识，将教育经验上升至理论层面加以认识，然后再回到教育实践层面对其进行验证。有效的教学反思，需要学前教育专业人员将自己的教育实践与教育理论相结合，将教育理论融入幼儿园一日活动中，使其在实践中得到充分的探究、理解、运用与发扬，真正掌握教育教学规律，更加理智、全面与辩证地看待问题和解决问题，不断提高自身教育教学的能力和水平。

三、掌握反思步骤，提高教学反思的有效性

教师的教学反思是一个过程，具有基本的步骤。反思过程是学前教育专业人

员在一定的教育理论的指导下，以自己的保教活动为思考对象，对自己的教育行为、教育理念进行批判性认识与思考。

反思过程一般包括四个基本阶段：第一，具体经验阶段。此阶段，主要是使学前教育专业人员及时捕捉教育实践中存在的问题，并明确问题的结构与性质发。第二，观察与分析阶段。此阶段，要求学前教育专业人员广泛收集相关信息，并以批判性的眼光反观支配自身教育行为的“所采用理论”，思考其与自己“所倡导的理论”是否一致等，从而明确问题的根源所在。第三，重新概括阶段。此阶段，学前教育专业人才开始积极寻求新的教育策略、教育思想来解决面临的问题，改变自身教育行为，这也是认识的升华。第四，积极验证阶段。此阶段要求学前教育专业人员，在教育教学实践中检验上阶段所形成假设和概括。在检验的过程中，教师会遇到新的问题，从而开始新一轮的教学反思。

在教学实践的反思过程中，上述四个环节的分界是不明确的，经常会出现前后倒置的情况。教学反思的基本过程要求学前教育专业人员要掌握反思的基本步骤，努力做到以问题为教学反思的开端、以分析为教学反思的核心、以实践为教学反思的延伸，从而逐渐提高教学反思的有效性，促进自身专业成长与幼儿全面发展。

（一）将问题作为教学反思的开端

问题性是教学反思的核心特征之一。在教育教学过程中，凡是能引发学前教育专业人员思考和探究的主题都是问题。教育问题是教学反思的核心，发现问题、提出问题是教学反思的关键。有了问题，才能思之广、思之深，而不是泛泛而论。学前教育专业人员可以多留意自己保教活动的“细微之处”，从习以为常的幼儿园一日生活的细节之处寻找有价值的问题；也可以对照教育理念，发现自身保教活动中的存在的问题；还可以在与幼儿家长、同事和专家的沟通交流中，收集一些新的教育信息，捕捉其中存在的问题。同时，要注意既要分析教学中成功之处，也要分析失败之处。认真地回顾总结教学的成功经验，使其系统化、理论化，有利于教学经验的交流推广，提高学前教育专业人员的整体素质。勇于面对教学的失败之处，认真分析失败的原因，探寻解决问题的有效策略，逐渐促进自身专业成长。此外，教育是项系统工程，不是幼儿园单方面的工作。在教学反思的过程中，学前教育专业人员要注意与家长建立互补、合作的关系，注意唤起家长的参与意识，不断丰富家长的育儿知识，提高家长的育儿能力。

（二）将分析作为教学反思的核心

对问题进行理性的、批判性的分析和建设性的思考，是教学反思的核心。教师的行为受其内隐的“所采用理论”的制约，它影响着教师在幼儿园实际工作中的每个细节。因此，调整与改善学前教育专业人才教育行为的关键是发现行为背后的“所采用理论”。学前教育专业人才应具有强烈的“自省意识”，以批判的眼光审视自己在保教活动中的所言所行、所见所闻，分析教育活动成功的原因，也要剖析教育活动失败的原因。对幼儿园一日活动中常见的教育现象，也应问一问自己“为什么？如何改进？”，及时捕捉日常生活中有价值的问题，让反思伴随整个教育过程。

（三）将实践作为教学反思的延伸

教学反思不仅仅是教学回顾，其要求学前教育专业人才以批判的眼光看待自身教育实践，在回顾中弥补实践中的问题与不足，并积极探寻调整与改进的策略，进行新的行动尝试。有效的反思，能促进学前教育专业人才的专业成长。智慧只有运用到教育实践中才能产生更大的价值，才能促使教学反思，从而促进教师专业发展。因此，学前教育专业人才应及时将教学反思得到的启示、体会、对策转化为指导后续保教活动的具体措施，并将其诉诸教育实践，并在新一轮的教学实践中发现新的问题，开始新的教学反思，不断调整自身教育教学行为，提高保教活动的质量。

总而言之，学前教育专业人才在日常的教育教学工作中，应按照科学的步骤进行教学反思，提高反思的效果。

第四章 高校学前教育专业学生能力培养的应用实践

第一节 高校学前教育专业导师制高质量人才培养

高校学前教育专业导师制的重要意义体现在两方面。一方面,它拓展了思想政治教育队伍,使专业导师不仅能够从专业角度指导学生,还能够在思想政治教育层面引导学生。这包括职业生涯规划和师德教育等方面,为学生全面成长提供了更为全面的引导。另一方面,通过导师制度,专业导师熟悉学前教育专业的培养目标和知识结构,能够更有效地指导学生学业。这种有针对性的指导有助于学生更好地理解和掌握专业知识,提高其在职业领域的竞争力。因此,高校学前教育专业导师制不仅有助于学生的专业发展,也为其全面素质提升提供了坚实的支持。

一、高校学前教育专业导师制高质量人才培养的模式分析

学前教育专业旨在培养未来的艺术教育工作者,该专业要求学生不仅要掌握学前教育学和学前心理学等理论知识,还需要具备声乐、钢琴、舞蹈、绘画等多方面的技能。这种综合性的培养目标旨在使学生成为全面发展的专业人才,能够在学前教育领域中全面发挥自己的优势。然而,在课堂上,教师难以深入指导每个学生,这为学生的个性化发展带来了一定的挑战。为了解决这个问题,学前教育专业引入了导师制度,旨在提升学生的技能水平,同时也能够拉近教师与学生之间的关系。

为了确保导师的有效指导,导师本身需要具备良好的师德、高尚的品德、正确的人生观,同时还需要具备高度的爱心、耐心和责任心。此外,导师还需要拥有扎实的专业素质和丰富的教学经验,以确保他们能够为学生提供真正有益的指导。导师的工作内容包括思想政治指导、学习指导以及职业生涯规划指导,全方位地关注学生的成长和发展。

在导师制度的组织形式上,学前教育专业选择由系部构建导师指导小组,由

特定领域的导师负责指导相应方向的学生。这种组织形式能够更好地保证导师和学生之间的专业匹配，确保学生能够得到更加有针对性的指导。指导方式方面，学前教育专业采用后期进入的方式，即从第二学年开始分方向，学生选择导师后，导师将全方位地指导学生直至第四学年的实习和就业。这种分阶段的指导方式旨在确保学生在整个专业学习过程中都能够得到有针对性的关怀和指导，为他们的未来职业生涯做好全面准备。

二、高校学前教育专业导师制高质量人才培养的质量保障

第一，宣传与认可度提升。在导师制的宣传方面，学校应采取多管齐下的策略，以提高对导师制的认可度。首先，加强宣传是关键的一步，可以通过校园广播、学校网站和社交媒体等多渠道传递导师制的优势和价值。其次，在入学教育中，学校应当进行导师制的全面讲解，让新生充分了解导师的角色和职责，以建立积极的期望。此外，学校可以定期举办导师与学生见面会，让导师进行全面自我介绍，帮助学生初步感知导师，从而增进双方的沟通和理解。

第二，建立监督、激励和评价机制。为确保导师制的有效运行，学校需要建立一套完善的监督、激励和评价机制。首先，应设立有效的监督和评价机制，关注导师和学生的工作情况，以及他们之间的互动。其次，采用综合评价方式，结合导师自评、学生评教和学校评估，全面了解导师的工作表现。为了促进经验分享，学校还应定期召开导师会议，为导师提供交流的平台，从而提升导师的指导水平。最后，奖励机制是不可或缺的一环，包括精神奖励（如表彰大会、荣誉证书等）和物质奖励（如资金补贴、项目支持等），以激发导师更好地履行职责。

第三，学生奖励与积极性提升。为鼓励学生在导师制下的积极参与和表现，学校应该实行有力的奖励机制。首先，对表现优秀、在技能竞赛中获得好成绩的学生进行奖励，以充分肯定他们的努力和成就。其次，提供精神激励和物质奖励，通过鼓励学生参与各类活动，促使其更加积极地融入导师制度。最后，为了建立良性循环，学校应确保奖励机制的公正性和透明性，通过奖励激发学生的积极性，从而推动整个导师制度的良性发展。

三、高校学前教育专业导师制高质量人才培养的效果检验

为深入了解学前教育专业中导师制的实施情况，采取多层次的方法进行综合分析。首先，将收集概况性资料，以全面了解导师制在学前教育专业的整体实施

情况;其次,通过在实施导师制的各班进行问卷调查,并利用SPSS①软件对数据进行深入分析,以评估导师制的整体实施效果。此外,对导师、学生和相关管理人员进行访谈,访谈提纲将结合预设问题和问卷结果,以确保访谈结果与统计数据相互印证。

在分析层面,关注导师制整体实施效果、对学生的影响以及学生对导师制的看法和参与效果。通过综合考察这些方面,旨在得出导师制的实施效果,并提出改进思路。同时,通过深入访谈,更全面地了解导师制对学生的实际影响,确保调查结果的真实性和有效性,并使访谈结果与问卷统计相互印证。

总而言之,高校学前教育专业导师制高素质人才培养模式正处于探索阶段,在积极探索导师制高素质人才培养模式的同时,还要不断加强理论研究和经验总结,从而优化导师制人才培养模式。

第二节 以职业能力培养为导向的学生能力培养实践

在以职业能力培养为导向的学生能力培养实践中,学前教育专业可以秉承"育爱心点亮智慧,铸能力成就未来"的理念,坚持走特色办学的教学改革之路,探索以职业能力培养为导向的高校学前教育专业实践教学模式。

一、明确培养目标

高校学前教育专业是致力于培养"高素质学前教育专业人才"的一门专业,其主要目标是培养出具备卓越素质的幼儿园教师,这一专业既具备高校职业教育的通用特征,又具有师范教育的独特属性。为确立学前教育专业的培养目标,首先需要明晰其培养对象未来的工作岗位特点。

(一)培养目标彰显示范性

学前教育学生应与幼儿园教师一样,在教育工作中应奉行"身正为范"的原则,尽管与一般的教学不同,幼儿教育并非要求教师拥有极高的学识。如今,幼儿园教育需避免"小学化"的倾向。在这一背景下,幼儿园教师的主要职责是为幼儿

①SPSS(Statistical Product and Service Solutions),统计产品与服务解决方案的软件。最初软件全称为"社会科学统计软件包"(SolutionsStatistical Package for the Social Sciences),但随着 SPSS 产品服务领域的扩大和服务深度的增加,SPSS 的战略方向正在做出重大调整,推出的一系列用于统计学分析运算、数据挖掘、预测分析和决策支持任务的软件产品及相关服务的总称 SPSS,有 Windows 和 Mac OS X 等版本。

提供健康、丰富、多姿多彩的生活和活动环境，引导幼儿在日常生活和各类活动中实现生动、活泼、主动学习。不同于向幼儿传授文化知识的传统教育方式，学前教育专业强调通过环境和教育活动激发幼儿的主动性。在这一过程中，幼儿园教师需要充当榜样，通过自身言行为幼儿树立良好榜样，为其提供可供模仿和学习的范本。幼儿园教师的工作重点在于引导和引领幼儿发现、获取新的经验，而非仅是传递文化知识。

学前教育专业所培养的人才，需要具备示范性特质，这意味着他们要在言传身教中展现出对幼儿的正面引导，以促使幼儿在积极、健康、有趣的环境中学习和成长。示范性教育理念强调的不仅是教师的专业素养，更关注教师在实际工作中的过程和方法，注重在亲身实践中培养幼儿积极的态度和行为习惯，这与传统的知识传递模式相比，更注重幼儿个体的全面发展，强调从幼儿的兴趣和需求出发，通过引导和激发，培养其自主学习的能力。

（二）培养目标注重直观形象性

学前教育专业人才培养目标具有直观形象性的特征。学前教育在幼儿园阶段，必须紧密贴合学前儿童的心理发展特点，包括但不限于对知识学习和良好习惯培养的考虑。在这一过程中，内容的呈现应具备直观、形象性，以促进幼儿的理解和学习。教师在教育活动中应追求直观、生动、具体、形象的教学方式，借助教师的肢体语言或形象化的手段引导幼儿学习。幼儿园教育更注重贴近幼儿的生活经验，因为这样的方式更符合幼儿教育规律。幼儿的认知水平和语言表达能力尚未充分发展，因此，通过图像、实物、场景等直观形象的方式呈现教学内容，有助于激发幼儿的兴趣，提高他们的学习效果。

直观形象性的教学模式旨在创造一个生动有趣、容易理解的学习环境，有助于幼儿更好地吸收知识和培养良好的习惯。在直观的教学中，教师可以通过生动的描述、实物展示、情景模拟等方式，使抽象的概念和知识变得具体而有趣，这种教学方式有助于激发幼儿的好奇心和学习动机，使他们更主动地投入学习过程中。因此，直观形象性的教学方式是学前教育专业所强调的重要特点，其目的在于更贴近幼儿的认知水平和学习需求。

（三）培养目标渗透趣味性理念

学前教育专业人才培养目标应渗透趣味性的教育教学理念。幼儿由于心理发展尚不成熟，其注意力集中的时间相对较短，因此，幼儿园教育需要将趣味性作为一个重要的教学原则。幼儿主要通过兴趣学习和游戏来获取知识，对感兴趣的事物表现出更高的投入度。幼儿园教育以游戏为基本活动形式，要求学前教育教师能够引导幼儿从生活和游戏中感受事物的特点与规律，以增加教育教学活动的趣味性和艺术性。

趣味性的教育活动有助于提高幼儿对学习的兴趣，从而增强他们的学习动力和积极性。通过将知识融入富有趣味性的教学内容中，教师能够吸引幼儿的注意力，使其更愿意参与到学习活动中去。游戏作为基本活动形式，不仅可以培养幼儿的社交能力，还能够通过寓教于乐的方式实现知识的传递。趣味性的教育活动不仅让幼儿在轻松愉快的氛围中学到知识，同时也有助于促进其多方面的发展，包括语言、认知、社交等各个方面。

（四）培养目标凸显实践性

学前教育专业人才培养目标具有实践性的特征。幼儿园的教育活动是教师以多种形式有目的、有计划地引导幼儿生动、活泼、主动活动的教育活动，这一指导原则明确提出了实践性在学前教育中的重要性。实践性教育的核心理念在于通过多样化、有目的性的教学活动，引导幼儿在实际操作中进行学习，通过亲身经验获得知识和技能。

学前阶段的幼儿正处于对外界充满好奇心的发展时期，因此，鼓励幼儿参与实践活动，将学习融入实际操作中，是非常符合幼儿发展特点的教学方式。实践性教育通过让幼儿在做中学习、在做中玩、在做中成长，培养了幼儿的实际动手能力，能够激发他们对学习的兴趣。实践性的教育活动不仅仅关注知识的传递，更注重幼儿在实际操作中的动手经验，通过亲身实践加深对知识的理解和掌握。

在快乐的童年生活中，实践性教育为幼儿提供了更多丰富多彩的学习机会，使得他们在轻松的氛围中获得有益于身心发展的知识和经验。通过动手实践，幼儿能够更好地理解抽象的概念，培养问题解决能力和创造性思维。实践性教育也强调“做中学”，使幼儿能够在实际操作中建构知识，更好地将学到的知识应用于实际生活中，这种教学方式不仅有助于培养幼儿的实际动手能力，还能够促进他们的全面发展，包括认知、社交、情感等各个方面。

（五）培养目标贯透情感性

学前教育专业人才培养目标贯透情感性的特征。在学前教育领域中，情感性被认为是一项至关重要的特点。幼儿园作为幼儿成长的重要阶段，必须将保障幼儿的生命安全和促进其身心健康成长置于工作的首位。幼儿园教师在大部分工作时间中与幼儿一起进行游戏、活动、学习和生活，教师的人格魅力、品行修养和学识每时每刻都在影响着幼儿，甚至影响到幼儿一生的发展。因此，幼儿园教师应当具备一颗充满慈爱之心的态度，其工作中体现了明显的情感性和人文性。

情感性教育关注的是在幼儿与教师互动的过程中培养幼儿的情感、品德和社交技能。幼儿园教师的慈爱之心不仅是一种情感表达，更是对幼儿全面发展的一种引导和支持。教师在与幼儿相处的过程中，通过温暖、关爱的态度，为幼儿提供安全、稳定的情感环境，有助于培养幼儿的安全感和信任感。同时，教师的人格魅力和品行修养也在潜移默化中影响着幼儿的情感发展，为其建立积极、健康的情感基础。

幼儿园教师岗位工作呈现出独特的特点，要求从业者不仅具备卓越的教育教学活动设计和组织能力，还需具备卓越的专业基本功，这种特殊性决定了对学前教育专业的培养目标的明确定位。培养幼儿园教师需要注重培养其具备教育、保育以及保教反思能力，这是为了更好地应对日益复杂多变的教育环境。与此同时，他们必须具备坚实的基础理论和专门知识，以便更有效地引导幼儿的学习和发展。在培训过程中，强调培养学生具备良好的职业道德和敬业精神，以确保他们能够胜任幼儿教育的责任。高素质技能型学前教育专业人才应当具备多项技能，包括但不限于沟通、团队协作、创意和解决问题的能力，这样的全面培养旨在使幼儿园教师在实际工作中能够胜任各种复杂任务，为幼儿提供更全面、高质量的教育服务。

二、制定人才培养方案

（一）深入完善人才培养方案

当前，高校应当深入完善学前教育专业的培养方案，以确保学生在其课程体系中获得全面而协调的发展。在构建培养方案的过程中，应当以“专业理论课程、专业能力课程、专业素质课程并重，加强学生职业能力培养”为指导思想，培养“学思用融通，知信行合一”的高素质、应用型人才。这一指导思想旨在为学生提供既有深度又有广度的教育，旗帜鲜明地将专业理论、实践能力和综合素养相互交织，为其未来在学前教育领域的从业奠定坚实基础。为实现这一目标，学前教育专业的培养方案应该构建一体化的课程体系。这个体系应当包含丰富的专业理论课程，以确保学生对学前教育领域的核心概念和理论有深入的理解。同时，专业能力课程的设立能够培养学生的实际操作技能，使其在日常教学实践中能够灵活应对各种情境。专业素质课程则旨在培养学生的综合素养，包括沟通能力、团队协作能力、创新思维等方面的素养。在培养方案的制定中，必须密切关注行业标准和职业资格证书的准入要求。通过对这些标准和证书的深入研究，可以确保培养方案与实际从业需求保持一致，使学生毕业后能够顺利进入职业生涯。此外，校内技能训练和校外顶岗实践应当相互补充，以丰富学生的实际教育经验。这样的结合不仅能够提高学生的实际操作水平，也能使其更好地适应未来的工作环境。

总而言之，通过对校外实践基地的深入调研和人才需求的充分了解，高校不仅要在学前教育专业的培养目标上进行更为翔实的刻画，而且还要能够构建一套理论教学与实践教学相结合、行业标准与职业资格证书配套的全面培养方案。这一方案有望为学生提供更为全面、实用的知识和技能，使其更好地胜任未来学前教育的挑战，为培养更多优秀的学前教育专业人才奠定坚实基础。

（二）有序推进专业课程体系

在课程设置方面，高校应精心设计一个结构合理、有序推进的学前教育专业课程体系，旨在为学生提供全面而系统的培养，这一体系在四个学年中呈递进性，分别注重培养专业理念、职业能力和专业素质，以及综合能力的发展。

第一学年的课程设置以专业理论课程为主，这一阶段的主要目标是培养学生对学前教育领域的深刻理解和专业理念的建构。通过系统教育学原理、普通心理学等基础课程，学习学前教育学、学前卫生学、学前儿童发展心理学等学前教育专业三大支柱型课程，奠定学生学前教育的理论基础，使学生能够建立坚实的专业知识体系，为未来从事学前教育工作奠定理论基础。

第二学年的课程设置主要侧重于专业能力课程。在这个阶段，应培养学生的实际操作技能和专业特长，以形成较为完善的职业能力。通过注重实践性的教学，学生将能够具备应对实际工作需求的实用技能，为将来进入职业领域提供有力支持。

第三、四学年的课程设置以专业素质课程为主，这一阶段通过综合能力训练、顶岗实习以及就业实习的有机结合，旨在拉近学生与职业岗位之间的距离，提高就业的针对性。专业素质课程的设置旨在培养学生的团队协作、领导能力以及创新思维，使其更好地适应未来职业发展的多变环境。

为了更好地贴合职业需求，高校应不断修订和完善学前教育专业课程体系。除了核心的专业课程外，增设方法、技能、专长和管理等四个选修课程模块，以满足学生个性化的发展需求，这一创新举措旨在优化课程结构，推进课程建设，更好地强化学生的特色意识。

总而言之，高校学前教育专业课程体系注重学生全面素质的培养，以逐步引导学生形成对学前教育事业的理论认知、实践技能和专业素质的全面认识。通过阶段性的培养目标设置和系统有序的课程设计，旨在为学生提供更为全面、深入的学前教育专业知识和技能，使他们能够更好地应对未来职业挑战，为学前教育事业的可持续发展贡献优秀的专业人才。

三、课堂教学改革

（一）课堂教学目标

强化职业能力培养是学前教育至关重要的方面，其重要性根植于学前教育的根本目标，即促进幼儿体、智、德、美、劳全面和谐发展，这一目标旨在培养具备全面素质的幼儿，使其在体能、智力、道德和审美等方面得到协调发展。在强化职业能力培养的过程中，教师应当注重培养学生的创新思维和解决问题的能力。学前教育环境是一个多变的场景，需要教师具备灵活应对的能力，因此培养学生的创新意识，使其能够在不同情境下找到创新的教育方法，对于提高学前教育专业的整体职业素养至关重要。通过实际的教学实践，学生能够将理论知识转化为实际操作能力，并逐步形成自己的教育风格和方法。在实践过程中，学生将面对各种情境和问题，通过解决问题的实际经验，提升其在职业领域中的应变能力。

总而言之，强化学前教育专业人才的职业能力培养是实现学前教育目标的关键步骤。通过注重教育者的全面素质培养、创新意识的培养以及实际实践的经验累积，学前教育专业学生将更好地胜任未来幼儿教育工作，为培育具有高度职业素养的学前教育专业人才奠定坚实基础。

（二）课堂教学策略

加强职业能力培养是学前教育领域至关重要的方向，其重要性源于学前教育的根本目标，即促进幼儿体、智、德、美、劳全面和谐发展，该目标的核心理念在于培养幼儿在身体、智力、道德和审美等多个方面的协调发展。学前教育目标还包括培养幼儿活泼开朗的性格和勇敢坚强的意志特征。

要实现这一宏伟目标，具体的过程和方法在一定程度上取决于幼儿园教师在日常教育活动中采用的多种教育教学途径，这些途径要求教师具备丰富的职业能力，以能够有针对性地引导和促进幼儿的全面发展。在实际操作中，幼儿教师需要发挥各种专业技能，使知识在教育活动中具有形象化，通过趣味化的教育教学活动激发幼儿的学习兴趣，引导他们积极参与学习。

因此，学前教育专业学生培养的职业能力不仅是展现他们个性与特长的体现，更是他们能够成功完成教育教学任务所必须具备的自身条件，这种职业能力的培养需要综合考虑多方面的因素，包括但不限于熟练运用教育理论、灵活运用教学方法、深刻理解儿童心理学等。

第一，口语表达技能。口语表达技能的核心在于使用形象、趣味、儿童化的语言，通过儿歌、故事等富有吸引力的形式展开教育活动。与此同时，对于那些正处于言语发展阶段的幼儿，采用情感化、生活化的言语交流方式具有积极意义，这种交流不仅仅是为了传递信息，更是为了实现情感和思想的交流，以促进幼儿身心健康的全面发展。通过口语表达技能，幼儿教师能够建立更紧密的师生关系，创造出积极向上的学习氛围。

第二，"写"和"画"的技能。关于"写"，包括写字和写作两个方面。写字要求教师能够掌握规范化的汉字和书写技能，使得他们能够以规范、清晰的字迹传递信息。同时，写作技能也至关重要，教师需要掌握常用文体的写作技能，以便更好地编写教案、撰写教学材料等。关于"画"，主要涉及儿童简笔画，教师应当具备绘制孩子们喜爱的图画的能力，同时要善于从各种教育素材中挑选出优美的作品，与幼儿一同欣赏，以塑造孩子的审美情趣，培养他们正确的审美观。

第三，唱歌、跳舞和弹琴技能。在3～6岁的幼儿阶段，正值艺术能力形成的关键时期。因此，幼儿园的教育活动以游戏为主要形式。因此，作为学前教育专业学生，具备唱歌、跳舞和弹琴等音乐技能是非常重要的，这不仅有助于丰富教学内容，提升教学的趣味性，还能促进幼儿的音乐感知和艺术表现能力的发展。因此，学前教育专业学生应加大对这些技能的训练力度，以更好地满足幼儿的学习需求，为他们的全面发展奠定坚实的基础。

第四，幼儿游戏的创编与组织技能。在幼儿园的教育活动中，游戏被视为主要的学习形式，因为幼儿天性爱玩、好动。因此，学前教育专业学生需要具备编排和组织幼儿游戏的能力，同时还需要具备一定的创编和表演技能。通过引导和组织幼儿在游戏中学习，促使其在嬉戏中得到知识的积累，这有助于开发幼儿的智力，培养其综合能力。教师的角色在于巧妙地融入教育元素，使游戏不仅是娱乐，更成为一种有益的学习体验。

第五，玩教具制作和计算机操作技能。幼儿园教师应当能够根据本地、本园的条件进行教育活动，并善于利用各种材料制作受幼儿喜爱的玩具和教具。同时，教师还需具备制作简单幼儿园教学课件的能力，包括一定的计算机文化基础和计算机操作技能，这有助于丰富教学手段，提升课堂效果，使教学更加生动有趣。教师通过创造性地设计和制作教具，能够更好地激发幼儿的学习兴趣，促使其在愉悦的氛围中更好地理解和吸收知识。

第六,科学观察与探索技能。幼儿园教师需要引导幼儿关注周围环境中的数、量、形、时间、空间关系,发现生活中的数学与科学。教师应善用幼儿的好奇心和好问心理,激发其认知兴趣和探究欲望,引导幼儿通过科学观察和探索来认知和理解周围的世界。通过培养幼儿对科学的兴趣,可以开展幼儿科学启蒙教育,为他们的全面发展提供坚实的基础。

第七,生活护理与卫生保健技能。保护幼儿的生命和促进幼儿的健康是工作的首位。由于幼儿的身体、心理发育尚未完全成熟,自我保护能力相对较差,更容易生病或受到伤害。因此,学前教育专业学生需要提高对健康的意识,具备相应的生活护理和卫生保健能力,包括对幼儿常见及意外事故的急救与处理能力,这有助于确保幼儿在安全、健康的环境中学习和成长,为他们的身心健康奠定坚实的基础。通过有效的生活护理和卫生保健,幼儿教育可以更好地服务于幼儿的全面发展。

综合训练是通过学习多门相关课程后组织的项目实训教学和第四学年的幼儿园顶岗实习,该训练旨在要求学前教育专业学生在综合运用相关知识和技能的同时,完成岗位基本技能训练,以提高特定领域或幼儿园岗位工作的能力,这种综合实训主要安排在第三学年的综合能力训练模块和第四学年的幼儿园顶岗实习中进行。

(三)能力评价形式

第一,评价要改变传统的单一理论评价为主的方式,而是将理论考核与实践操作相结合,将能力考核与优秀品质评价相结合,这种综合性的评价方式有助于更全面地了解学生的学业水平和实际能力。通过将理论知识与实际操作相结合,学生不仅能够掌握知识,还能够将其应用于实际工作中,培养实际操作的能力。同时,将能力考核与优秀品质评价相结合,有助于培养学生的综合素质,包括团队协作、沟通能力等,使其更好地适应社会的需要。

第二,评价要改变传统的单一"教育评价"主体,而是将任课教师评价与实习单位指导教师评价相结合,学生自评与互评相结合。传统的评价主体过于单一,无法全面了解学生的学习情况。通过引入不同的评价主体,可以更全面、客观地评价学生的学业表现。任课教师和实习单位指导教师的评价可以相互印证,为学生提供更全面的反馈信息。而学生自评与互评则有助于培养学生的自我认知能力,促使其更好地发现和改进自己的不足之处。

第三，评价要改变以终结性评价为主要手段，而是将形成性评价与终结性评价相结合，笔试、口试、专业技能展示相结合，开卷、闭卷相结合，课堂教学和训练考核与课外技能训练和比赛相结合。传统的终结性评价方式往往只能反映学生在某一时刻的水平，而不能全面了解其学业发展过程。通过引入形成性评价，可以及时发现学生的问题并进行针对性的指导。同时，采用不同的考核方式，如闭卷考试、开卷考试、口头答辩等，有助于更全面地了解学生的学习状况。将课堂教学和训练考核与课外技能训练和比赛相结合，则能够更好地培养学生的实际操作和应变能力。

第四，通过评价形式的多样性，加大实践考核的分量，不仅关注学生的学业成绩，更注重发现和发展学生多方面的潜能，这种评价方式有助于帮助学生认识自我，建立自信，促进每一个学生在原有水平上的发展，发挥评价的教育功能。同时，这也能够促进教学改革的进程，使评价制度更加贴近高校学前教育的目标，提高教学质量。

总而言之，改变传统的评价方式对于高校学前教育专业改革至关重要。新的评价方式不仅要关注学生的学业成绩，更要全面了解其实际能力和潜力，培养其综合素质，这种变革不仅有助于学生的个体发展，也有助于提升整个高校的教学质量。

四、加强实践训练

近年来，一些高校学前教育专业积极探索并实践了一种独特的"三段式"实践实训模式，即"一年级见习、二三年级短期实习、四年级顶岗实习"，这一创新性的模式通过与职业岗位的对接，能够有效提高学生的岗位适应能力。在这个模式中，一年级的见习阶段通过实地见习与课程教学相结合，使学生能够深刻感悟专业理念。通过亲身参与实践，学生能够更好地理解并应用所学的理论知识，为将来的职业生涯奠定坚实的基础。而二至三年级的短期实习则着重于学以致用，通过在实际工作中印证所学专业课程，培养学生的职业意识和实际操作能力。最后，四年级的顶岗实习与就业相结合，为学生提供展示个性和特长的机会，实现双向选择，从而提高就业质量。

"三段式""三习"实践实训模式不仅是实践教学的最终落脚点，更是贯彻学前教育职业性的必由之路。通过将理论知识与实际应用相结合，学生在实践中不仅能够增强专业素养，还能够培养解决问题和适应职业环境的能力，为他们顺利融入职场奠定坚实的基础，这一模式的成功实践为高校提供一种可借鉴的实践教育模式。

（一）现场见习

在高校学前教育专业的第一学年，学校可以实施每学期一周的现场见习，旨在通过结合课程内容，安排具体而直观的主题活动，例如，环境布置、幼儿卫生保健、区角活动等，使学生深刻感受学前教育的实际工作场景，从而增强他们对成为一名幼儿园教师的感性认识，并明确职业目标和努力方向。在这个阶段，学生将亲身参与实际的学前教育环境中，通过积极参与主题活动，学会布置富有创意的教室环境，关注幼儿卫生保健问题，并设计丰富多彩的区角活动，这一系列活动的具体性和直观性使学生在实践中能够更加深入地理解专业理念，将课堂所学的理论知识与实际操作相结合。

通过现场见习，学生不仅能够在实践中感受到学前教育的独特性质，还能够逐渐形成对自身职业发展的感性认知，这一过程有助于学生明确自己未来从事学前教育的动机和目标，为其职业生涯的规划奠定基础。此外，通过感悟专业理念，学生还能够更好地理解幼儿教育的社会意义和责任，培养其对幼儿教育事业的热爱与责任感。

总而言之，现场见习作为幼儿教育专业的第一步，通过具体而实际的主题活动，能够为学生提供深入了解和感悟专业理念的机会，这一阶段的经历有助于学生在学业早期就建立对幼儿教育事业的认同感，为其未来的学习和实践奠定坚实的基础。

（二）短期实习

在寒、暑假期以及实践活动周，学校可以积极组织学生参与社会实践活动，通过这些活动，学生得以将课堂所学知识应用于实际情境中，进一步提升专业素养。其中，学生通过赴幼儿园进行短期驻园研习，旨在深入观察和了解幼儿在生理、心理和言语等方面的发展现象和特征，这一实践活动的目标在于促使学生学以致用，巩固并加深他们对专业知识的理解，同时发现自身在实践中存在的问题和不足之处，为未来的学习提供有针对性的目标。

短期实习以多种形式展开，其中一种主要形式是“3+2”工学结合，这种结合模式将理论学习与实践经验相互交织，使学生在学校学习的前三天与在幼儿园实习的后两天相互衔接，这种安排能够在理论与实践的结合上找到一种有效的“点”，使学生在两个领域之间建立起更为紧密的联系。学生们通过这样的组织形式，不仅能够在学校深入学习相关理论知识，还能够将所学知识迅速应用于实践中，从而更好地理解和掌握专业技能。

在实践中,“3+2”工学结合能够为学生提供更为直观的学习体验,使他们更加深刻地领悟到执着、坚持、理解和珍惜等重要品质。学生在实践中不仅仅是知识的接收者,更成为知识的创造者和应用者,这种综合性的学习方式不仅能够拓展学生的视野,同时也能够培养他们解决实际问题的能力,促使其具备更强的实践动手能力。

总而言之,通过寒、暑假期和实践活动周的社会实践活动,特别是“3+2”工学结合的形式,学生得以在理论与实践中找到平衡点,实现知识与技能的有机结合,这种学习模式不仅能够促进学生对专业知识的深度理解,还能够培养他们的实际操作能力,为其未来的学业和职业发展奠定坚实的基础。

（三）实践活动

实践活动在学前教育专业的培养中占有重要地位,不仅是理论学习的延伸,更是学生将所学知识应用于实际操作的桥梁。在第二学年,学校可以通过实践活动周为学生提供一个深入幼儿园实训的机会,旨在加强学生对实际工作环境的了解,提升实际操作技能,培养实际解决问题的能力;学校可以根据教学进度和实践教学要求,合理安排各班级学生到不同的幼儿园轮流实训一周,确保每组学生都有机会参与实习见习任务。为了更好地指导学生,学校精心确定专职指导教师和幼儿园指导教师,并明确实训守则、实训内容和要求,为学生提供明确的指导框架。

实践活动周的核心目标是提高学生对未来职业的认同感。通过小组总结和讨论,学生能够分享彼此的实践经验,互相学习和启发,这种交流和合作不仅能够促进同学之间的团队精神,也能够让他们更加深刻地认识到学前教育专业的重要性和社会责任感。在实践活动周中,学生们通过亲身参与,感受到教育工作的挑战和乐趣,从而更加坚定自己选择这一专业的信心。通过实践活动周,学生们能够将理论知识与实际操作相结合,提高他们的综合素质。专业技能的提升不仅表现在操作技能上,更体现在解决实际问题的能力上。学生们在实践中不断思考、总结,培养批判性思维和创新意识,为将来从事教育工作奠定坚实的基础。

除了实践活动周,学校还可以通过寒、暑期实践为学生提供更广泛的实践机会。在这个过程中,学校可以制定详细的实习活动计划,编写《寒、暑期实践活动手册》以及召开专题会议,确保每位学生都清晰了解实习的目标、任务、步骤和评价标准。个性化的指导使得实践活动更具体化和可操作化,能够确保学生在实习中能够充分发挥自己的特长,提升个人素养。

更为重要的是,学校要根据实习达成的目标进行指导,通过实践活动报告或小论文的形式，要求学生以观察报告、调研报告或实践体会、感悟与建议的方式完成报告，这种要求不仅促使学生深入思考实践活动中的问题，更使他们具备了系统思考和表达能力。实践报告不仅是对实际操作的总结，更是对学生个人成长和职业发展的自我认知，促使他们更好地规划未来的学业和职业。

总而言之，通过实践活动，学生们不仅加深了对专业知识的理解，更培养了实际操作技能、解决问题的能力以及批判性思维和创新意识。全方位的培养模式有助于学生更好地适应未来的职业挑战，成为具有实际操作能力和创新精神的优秀学前教育专业人才。

（四）顶岗实习

学生顶岗实习的岗位来源多样化，学生可选择自主联系实习单位，也可以选择加入与学校签署协议的定向培养用人单位，或者选择学校所提供的校外实践基地单位，这三种实习方式的灵活性为学生提供了更多选择，旨在满足个性化的实践需求。学校在此过程中起到统一安排的作用，以确保学生获得全面而高质量的实践体验。

学生顶岗实习培养模式不仅强调理论知识的学习，更注重学生实际操作的能力培养。通过与实际工作环境的深度融合，学生能够更好地理解和应用所学知识，提高解决问题的实际能力。此外，学校与实践基地的合作也有助于学生更好地融入职业社会，建立广泛的职业人际关系，为将来的就业奠定坚实的基础。

总体而言，学前教育专业通过开展专业实践能力综合训练以及分配到各地的实践基地进行顶岗实习，为学生提供了丰富的实践机会。学校与实践基地之间的紧密合作为学生的全面发展奠定了基础，有力地推动了学前教育专业的卓越发展。

五、构建专兼结合的教学团队

加强师德建设与教学成果建设，引导青年教师成长是高校不懈追求的目标。高校可以通过每两年一届的“名师”与骨干教师三级梯队评选，以及每年一次的优质课堂评选、微课教学比赛、多媒体教学课件比赛等一系列活动，全面推动师德与教学成果的提升，这些活动不仅是评选与比赛，更是为了促进先进教学经验的传播，致力于将“以教风带学风，以学风促校风”的师德建设理念贯穿于课堂教学之中，引导青年教师走上成长之路，促使他们的专业教学水平不断提升。

在名师与骨干教师三级梯队评选中，学校应注重从师德、教学质量、科研水平等多个方面全面考察候选人的综合素养，这有助于形成一支师德高尚、业绩突出的教师队伍，为学生提供更优质的教育服务。同时，定期举办的优质课堂评选、微课教学比赛以及多媒体教学课件比赛，则着重挖掘和弘扬优秀教学成果，为教育教学工作注入新的动力。

在教育教学方面，学校应实施课程建设小组教研活动，旨在提高教师的教育教学和研究水平。通过根据教师的专业方向和业务特长，有组织地让教师集中承担一个领域的教学研究任务，为教师专业成长提供必要支持。学校应建立多个课程建设小组，每个小组由3～5名成员组成，定期进行听课、评课、观摩教学等活动。小组化的教研活动既有利于教师之间的深度交流，又有助于形成一体化的教研力量，进一步提高整体教学和教研水平。

通过小组教研活动，教师们能够分享自己的教学经验，共同解决教育教学中的难题，促使教育理念不断创新和发展。相互学习、相互促进的氛围使得教师队伍更加团结，能够提高教学质量和教研水平，也有助于推动课程建设，通过集体的智慧和努力，不断完善和更新课程内容，适应时代的发展和学科的变化，从而为学生提供更为优质、实用的教育服务。

第三节 基于产出导向的学前教育专业人才培养模式

在产出导向的核心理念中，强调每位学生都具备独特的才能，认为学习应该建立在合作的基础上，而非竞争。为实现这一理念，高校需要专注于每位学生的全面成长与成才。具体而言，执行范例要求在教育实施初期就明确顶层目标，并清晰阐明学生在专业领域的核心能力和素养。两个关键目标在这一理念中起到关键作用，分别包括构建阶段性成果目标、营造情境与平台。

为了贯彻这一理念，制定了四个执行原则，包括聚焦顶层目标、向下设计、高度期许和扩展机会。这些原则为高校提供了明确的指导，以确保学生的学习不仅有深度而且有广度。五个实施要点进一步细化了执行策略，包含明确学习成果、建构课程体系、明晰教学策略、形成自我参照评价和逐级到达顶峰。基于产出导向的学前教育专业人才培养模式构建，可以从以下几个方面着手。

一、科学制定学前教育专业人才培养目标

（一）专业人才培养目标的社会需求调研

社会需求调研在专业人才培养过程中具有不可忽视的重要性，是确保培养目

标准确定位的前提。一项成功的社会需求调研应当重点关注学生的就业意向地域和与专业相关的利益相关方，如幼儿园、教育机构以及基础教育管理者等，这些方面对于学前教育专业学生的职业素养提出了具体要求。通过社会需求预测调研，学前教育专业的培养目标，以实现“立德树人”为根本任务，旨在培养具有高尚师德、乐于从教、具备扎实的保教知识和较强保教能力、善于反思与合作，同时具备创新精神和发展潜力的幼儿园骨干教师。

在这一培养目标的内涵阐释中，专业知识的要求特别强调“广博的人文科学和自然科学知识背景”，这意味着学前教育专业的学生需要具备深厚的人文科学和自然科学的知识基础，以更好地理解和应对复杂多变的教育环境。关于专业能力方面的要求特别强调“良好的人际沟通能力”“善于运用科学理念和方法对班级进行管理”“建立健康的班级秩序”“家园共育的能力”，这些能力的强调体现了对学前教育专业人才综合素养的全面考量，使其具备卓越的沟通技能、科学的管理理念以及有效的家园合作能力。此外，关于反思与合作方面的要求特别强调“能根据专业发展特点制定适合自己专业成长的发展规划”和“乐于沟通协作”，这意味着学前教育专业的学生需要具备在不断变化的教育环境中进行反思和不断自我提升的能力，同时也要具备积极主动地与他人合作、沟通的态度。

培养目标的确立主要依据对利益相关方的调研结果。通过与幼儿园、教育机构、基础教育管理者等相关方的深入交流和调研，学校能够更全面地了解社会对学前教育专业人才的需求，从而明确培养目标，使其更符合社会的实际需求。基于社会需求的调研方法不仅使专业人才培养更具有针对性和实效性，同时也有助于提高学生毕业后的就业竞争力，使其能更好地适应社会的发展变化。

（二）合理评价专业人才培养目标

学前教育专业人才培养目标的合理性评价是一项至关重要的任务，其实现主要依赖于内部和外部反馈机制的有效运作。在内部反馈方面，学校应当积极收集学生、教师和校方对人才培养目标的看法，以及应届毕业生的实际表现。通过这一层面的反馈，学校可以深入了解培养目标是否贴近实际需求，是否能够满足学生的期望，并及时调整培养计划，以不断提高目标期望与内外需求的吻合度。

在外部反馈方面，则涵盖用人单位、毕业生以及学生家长的观点。用人单位的反馈直接关系到培养目标的实际适应性，其意见可以为学校调整课程内容、教学方法等提供有益建议。毕业生的反馈则是培养目标是否达到了实际职业需求的重要指标，通过了解毕业生的职业发展状况，学校可以更好地调整培养目标以提高就业竞争力。此外,学生家长的反馈也是一种重要的外部信息源,他们的看法能够反映学校培养目标是否符合社会期望,是否能够促使学生全面发展。

通过内、外反馈的有机结合,学前教育专业人才培养目标的合理性评价将更为全面和科学,为学校提供有力支持,确保培养目标与社会需求保持紧密衔接。

(三)对专业人才培养目标的达成度进行评价

学前教育专业人才培养目标达成度评价的核心在于通过外部反馈,全面了解毕业生在职业生涯中的表现,以不断提高学前教育专业人才培养目标的期望与实际需求的吻合度,评价过程主要以毕业生的职业表现为主要依据,包括工作单位性质、上岗适应情况、职称获得、发表论文、教学获奖、专业培训、学历提升等方面的多维度评估。

评价的时间跨度通常围绕毕业生离校后的5年左右,以确保具备足够时间观察毕业生在职业领域中的发展。职业表现方面的具体评价标准可以包括毕业生所从事的工作单位的性质,他们在实际工作中的适应情况,以及是否获得相关职称的情况。此外,学术成就是重要的评价维度,包括毕业生是否在学术刊物上发表论文,是否在教学方面获得奖项等。

评价和反馈机制的建立对相关各方的参与至关重要。通过定期的评价,不仅能够为学校提供关于培养目标达成度的客观数据,也能够激励毕业生积极发展职业生涯。与此同时,用人单位的参与是评价机制的关键因素,他们的反馈能够为学校提供职业市场的动态信息,有助于调整培养目标以更好地满足社会需求。

总而言之,通过外部反馈实现学前教育专业人才培养目标达成度评价,旨在建立起一个全面、科学、可持续的评价体系,为学前教育专业的长期发展提供有力支持,这一过程将促使学校不断优化培养目标,以更好地培养具备实际竞争力和社会责任感的专业人才。

二、多层次构建学前教育专业的课程体系

(一)以产出为导向,设计符合毕业要求的课程体系

课程体系作为实现专业毕业要求的核心和基础,其设计必须以产出为导向,以确保学生在毕业时能够达到既定的目标和指标点。在学前教育专业的案例中,为了更好地实现人才培养目标,高校应进行课程与教学体系的改革,这一改革的基础是对人才培养目标的定位和毕业要求指标点的详细分解。

新的课程体系着重于"目标导向、实践取向、知行结合"的理念,将课程划分为

通识教育课程、学科教育课程、专业教育课程、实践教育课程和素质拓展课程五大模块，并在这些模块之间建立有机的衔接关系。其中，通识教育课程和专业教育课程主要为高度支撑“师德规范和教育情怀”毕业要求的核心；专业教育课程主要支撑“保教知识和保教能力”毕业要求；专业教育课程和实践教学课程主要负责高度支撑“班级管理和综合育人”毕业要求；而专业教育课程、实践教育课程和素质拓展类课程则是高度支撑“学会反思和沟通合作”毕业要求的关键。

第一，有针对性地设计通识教育课程和专业教育课程，以确保学生在道德伦理、教育情怀等方面具备坚实的基础，这些课程旨在引导学生树立正确的教育价值观，培养其对教育事业的热爱和责任心。与此同时，通过专业教育课程的设置，学生将系统学习和掌握保教知识和保教能力，为将来从事教育工作奠定坚实的理论基础。

第二，专业教育课程与实践教学课程相互配合，以全面提升学生的班级管理和综合育人能力。通过专业教育课程，学生将深入了解教育管理理论和实践，培养对班级管理的深刻理解。实践教学课程则提供实际操作的机会，使学生能够将所学理论知识应用于实际工作中，提高其综合育人能力。

第三，专业教育课程、实践教育课程和素质拓展类课程的有机结合，致力于培养学生的反思和沟通合作能力。通过专业教育课程的精心设计，学生将培养批判性思维和反思能力，使其能够对自己的教育实践进行深度思考。实践教育课程为学生提供实际沟通与合作的平台，通过与同学在教育实践中的合作，培养学生良好的沟通和合作技能。

总而言之，学前教育专业的课程体系构建充分考虑了毕业要求和指标点的支撑关系，以产出为导向，注重学科知识与实践技能的有机结合。通过这一课程体系的设计，学生将在毕业时不仅具备扎实的学科知识，还具备全面的专业素养，能够胜任未来的教育工作，为培养高素质的学前教育专业人才打下坚实的基础。

（二）以学生为中心，重点构建核心课程体系

学前教育专业在核心课程体系的构建上，以学生为中心，致力于满足毕业要求，并注重在两个主要方面进行支撑。

第一，在专业教育课程方面，高校应设计一系列高度支撑毕业要求的核心课程，旨在为学前教育专业学生提供系统性的学科知识、儿童发展知识以及教学法知识，这一系列核心课程包括学前教育学、儿童发展心理学、学前卫生学、幼儿园课程、幼儿园游戏、幼儿园教育活动设计与指导（语言、科学、健康、社会、艺术）、幼儿园管理、儿童行为观察与分析以及学前教育研究方法等，这些核心课程在广泛

涵盖专业领域的同时,紧密贴合毕业要求的各项指标点,为学生提供全面、深入的学科知识体系。

学前教育专业教育课程的设置旨在培养学前教育专业学生的专业知识和能力,为其未来的职业发展奠定坚实基础。通过学前教育学的学习,学生能够深刻理解学前教育的理论框架和实践要求;儿童发展心理学的课程则为学生提供了深入了解儿童心理发展的机会,使其能够更好地理解和引导幼儿的行为和情感;而学前卫生学的学习则使学生具备保障幼儿身体健康的专业知识。此外,幼儿园课程、幼儿园教育活动设计与指导、幼儿园游戏等课程旨在培养学生设计和组织各种教育活动的能力,包括语言、科学、健康、社会和艺术领域。

第二,在实践教育课程方面,高校应特别注重学生的实际操作和实践经验,构建一系列实践课程,形成了专业技能训练、专业实践和教育实习三者有机相结合的实践课程体系,这包括幼儿教师基础技能综合实训、幼儿教师教学技能综合实训、观摩教学实践、观摩参与教学实践、参与反思教学实践以及毕业实习等。实践课程体系不仅使学生能够在模拟环境中磨炼自己的教育技能,还通过观摩和实际参与教学实践,使学生深入了解幼儿的实际需求和行为特点。通过这一实践课程体系,学生将能够逐步培养实际操作的技能,形成扎实的专业素养。幼儿教师基础技能综合实训旨在培养学生的基本操作技能,幼儿教师教学技能综合实训则更重于培养学生的教学设计和组织能力。观摩教学实践、观摩参与教学实践以及参与反思教学实践等环节,则使学生在实际教学中得以观摩、参与并反思,全面提升其教育水平。

第三,毕业实习,能够为学生提供在真实教学环境中实践所学知识和技能的机会。通过毕业实习,学生将能够将理论知识与实际操作相结合,全面应用所学专业知识,达到毕业要求规定的各项指标点。

总而言之,综合以上方面的课程设置,构建的核心课程体系全面覆盖并高度支撑学前教育专业的毕业要求。学前教育专业的学生将在系统性学科知识、儿童发展知识以及实际教育操作能力上取得均衡的培养,为其未来成为卓越的幼儿教育专业人才奠定坚实的基础。

（三）依据学生核心能力要求，构建特色课程体系

以学生核心能力要求为指导,学前教育专业致力于构建一套特色课程体系,通过具体的课程改革和建设,以课程思政和实践课程改革为突破口。在这一体系中,各个课程模块相互衔接,有机融合,形成专业学习的第一课堂、实践教学的第

二课堂以及社会实践的第三课堂,为学生的专业能力发展和专业素养的形成创造有利条件。

在具体实施中,高校可以充分利用每年寒暑假这一特殊时段,面向全专业学生,采用线下和线上等多种形式,开展定点支教和送教活动。通过这些活动,学生能够深入社区,与实际的教育环境接触,加深对社会的认知。在这个过程中,他们不仅是观察者,更是实践者,通过亲身经历,深刻了解国情、民情,形成更加立体和全面的知识结构。

通过参与实践教学,学生得以将理论知识与实际操作相结合,提升专业技能,这种教学模式有助于培养学生解决实际问题的能力,使其在面对复杂的教育工作时能够游刃有余。通过实际操作,学生还能够更好地理解和领会专业知识,为未来的职业发展奠定坚实的基础。

在社会实践的第三课堂中,学生不仅是知识的获取者,更是社会责任的承担者。通过参与各类社会实践活动,能够培养对人民的深厚情感,对社会的责任感有更清晰的认识,这样的教育理念使学生在学业上追求卓越的同时,也注重培养对社会的责任心和对教育事业的忠诚度。

学前教育专业的课程体系以学生核心能力要求为指向,通过课程思政和实践课程改革的有机融合,为学生提供丰富的学习体验。通过参与各类实践活动,学生在毕业学习、实践教学和社会实践的三个层面都得到了全面的发展,这种课程体系的构建不仅有助于学生的个人成长,更有助于培养他们成为社会需要的专业人才。

三、构建学前教育专业人才培养质量保障体系

(一)构建学前教育专业内部教学质量保障体系

构建学前教育专业内部教学质量保障体系是高等教育机构致力于提高教学质量和适应社会需求的一项重要措施,该体系是从高校的办学定位和人才培养目标出发,以本科教学为核心,通过探索和建设一套完整的教学质量保障机制,确保教学质量达到社会的适应度和保障度的要求。

高校教学质量保障体系的总体框架包括教学质量决策指挥系统、教学质量目标与标准系统、教学质量监控与反馈系统、教学质量评估与改进系统以及教学条件支持与保障系统,这五大系统相互关联,构成一个有机的整体,为学校提供了全方位的教学质量保障支持。

教学质量决策指挥系统扮演着决策和协调的角色,通过明确教学质量的发展方向和目标,指导学校在具体实践中制定相应的教学策略。其次,教学质量目标与标准系统能够明确教学的标准和目标,为评估和监控提供了明确的依据,这一系统不仅能够明确教学的期望结果,还能够为后续的评估工作奠定基础。在教学质量监控与反馈系统中,学校通过建立监控机制,对教学过程进行实时的监测和评估。通过定期的反馈,学校能够及时发现问题,采取有效的措施进行调整和改进。与此同时,这一系统还为教学改进提供了科学的数据支持。教学质量评估与改进系统是保障体系中的关键环节。学校通过建立科学的评估机制,对教学质量进行全面而深入的评估,发现问题的根源并提出改进建议。评估结果的合理运用将为学校的教学改革提供指导,不断优化教育教学模式。

教学条件支持与保障系统通过提供必要的教学资源和支持,确保教学环境的良好和教学设施的完备,这一系统的建设能够为师生提供良好的学习和教学条件,为高质量的教学活动创造有利条件。在专业内部教学质量保障体系的总体框架下,高校应构建与学校结构一致的院级质量保障系统,这意味着高校在贯彻教学质量保障政策的同时,还要结合自身实际情况,建设符合专业特色和需求的子系统,以更好地服务于专业教学的发展。

(二)构建学前教育专业外部教学质量保障体系

构建专业外部人才培养质量评价体系需要通过建立多元利益相关方的参与机制,实现对专业毕业生的全方位评价,该体系的建设旨在通过毕业生跟踪反馈机制,使得用人单位、教育行政单位、校外实习基地管理人员、指导教师、基础教育领域专家、同行专家、专业骨干教师、学生家长等多方面参与评价,形成全面客观的评价结果。

在外部评价体系中,毕业生跟踪反馈机制通过了解毕业生在实际工作中的表现和发展情况,为专业教育提供了实际的参考依据。用人单位、教育行政单位等相关方参与评价,使评价更加客观、权威。与此同时,校外实习基地管理人员、指导教师、基础教育领域专家等专业人士的参与,能够保障评价的专业性和实用性。

四、全方位制定学前教育专业的毕业要求

(一)基于学生能力,合理制定专业毕业要求

学前教育专业制定的毕业要求应能完全覆盖《普通高等学校师范类专业认证实施办法(暂行)》《学前教育专业师范生教师职业能力标准(试行)》《教师教育课

程标准(试行)》《幼儿园教师专业标准(试行)》等文件对专业学生能力的要求,力求全面。同时,每一个培养目标应有相应毕业要求予以支撑,各有侧重,实现毕业要求与培养目标的精准对接。

(二) 基于教学导向,科学分解专业毕业要求

宏观制定毕业要求后,还应基于教学导向将其细化为可操作、可测量的毕业要求指标点。在实践操作中,更为具体的、易落实的毕业要求指标点有利于与专业课程体系的有效对接。对于教师,更容易明确所承担课程在毕业要求中的地位,科学设计课程内容,合理安排教学计划;对于学生,可明确其在学习中应习得的知识、能力,合理安排学习成长规划。

总而言之,应严格把握"产出导向,学生中心,持续改进"的理念,以专业学生核心能力的提升为重点,实现人才培养目标与毕业要求、课程体系的全覆盖、全支撑,实现人才培养与职业标准、教学过程与社会人才需求的对接,助力高校学前教育专业建设,有效推动学前教育专业人才培养质量的提升。

第五章 “UKC联盟”下高校学前教育专业与幼儿园协同的学生能力培养

第一节 高校学前教育专业与幼儿园建立合作联盟的需求与路径

一、高校学前教育专业与幼儿园建立合作联盟的需求

（一）社会对高质量幼儿园教师的需求

随着我国经济社会的快速发展，人们对教育的要求越来越高，尤其是对幼儿教育。幼儿阶段是人生发展的关键时期，高质量的幼儿园教育对幼儿的全面发展具有重要意义。而幼儿园教师作为幼儿教育的主体，其专业素质和教育教学水平直接关系到幼儿园教育的质量。因此，社会对高质量幼儿园教师的需求日益增长。

第一，高质量幼儿园教师能够为幼儿提供良好的教育环境和学习氛围。幼儿在这个阶段好奇心强，模仿能力强，需要教师耐心引导。高质量教师能够关注到每个幼儿的需求，尊重他们的个性，引导他们养成良好的行为习惯，激发他们的学习兴趣。

第二，高质量幼儿园教师能够有效地促进幼儿的身心健康发展。幼儿时期是身心发展的关键时期，教师的专业知识和技能对幼儿的身心健康具有重要影响。高质量教师能够及时发现幼儿的心理问题，为他们提供适当的心理支持，帮助他们建立自信，培养良好的情感态度。

第三，高质量幼儿园教师能够为家庭和社会培养有责任感的新一代。幼儿教育是基础教育的重要组成部分，高质量教师能够通过教育教学活动，培养幼儿的责任感、合作精神和创新意识，为他们的未来人生奠定坚实的基础。

第四，高质量幼儿园教师能够提升我国整体教育水平。幼儿阶段是人才培养的起点，高质量教师通过优质的教育服务，为每个幼儿提供公平的发展机会，有利于我国教育事业的均衡发展。

总而言之,社会对高质量幼儿园教师的需求不断增长,这既是时代发展的必然趋势,也是我国教育改革的重要任务。为了满足这一需求,我国政府和相关部门应加大对幼儿园教师队伍的培养和培训力度,提高教师待遇,激励更多优秀人才投身幼儿教育事业。同时,幼儿园也应注重教师的专业发展,为教师提供良好的工作环境和职业发展空间。在此基础上,相信我国幼儿园教育质量将不断提高,为幼儿的全面发展和社会的繁荣作出更大贡献。由此可见,新的历史背景下高校应以专业标准为前提,努力培养热爱学前教育事业、具有扎实人文科学理论基础并具有良好专业素养和发展潜质的幼儿园教师。

(二)高校与幼儿园建立合作联盟的现实需求

在我国教育体系中,高校和幼儿园作为两个重要的教育阶段,具有承前启后的作用。然而,长期以来,这两个阶段之间的联系并不紧密,甚至存在一定的脱节现象。为了更好地推动教育事业的发展,提高教育质量,构建全方位、全过程的教育体系,高校与幼儿园建立合作联盟显得尤为重要。以下从现实需求的角度,探讨高校与幼儿园建立合作联盟的现实需求。

第一,教育资源共享。高校与幼儿园建立合作联盟,可以实现教育资源的共享。高校拥有丰富的师资、科研和设施资源,而幼儿园则拥有大量的实践经验和基础教育资源。双方通过合作,可以实现师资培训、课程研发、实践活动等方面的资源共享,从而提高教育质量,丰富教育内容。

第二,人才培养与交流。高校与幼儿园建立合作联盟,有助于人才培养与交流。高校可以借助幼儿园的平台,开展实践教育,让学生在幼儿园进行实习,提高教育教学能力。同时,幼儿园也可以邀请高校专家进行培训,提高教师队伍的整体素质。此外,双方还可以开展学生交流活动,拓宽学生的视野,培养综合素质较高的下一代。

第三,科研与合作。高校与幼儿园建立合作联盟,可以促进科研与合作。高校的科研实力雄厚,幼儿园在实践过程中遇到的问题可以得到高校的支持。双方共同开展课题研究,不仅可以解决幼儿园在教育实践中遇到的难题,还能推动高校科研成果的转化与应用,提高幼儿园的教育质量。

第四,社会服务与宣传。高校与幼儿园建立合作联盟,有助于提高双方的社会服务与宣传能力。双方可以共同开展公益活动,为社会各界提供优质的教育服务。同时,通过合作宣传,提高双方在社会上的知名度和影响力,为教育事业的发展创造有利条件。

总而言之,高校与幼儿园建立合作联盟具有重要的现实需求。双方通过合作,可以实现教育资源的优化配置,提高人才培养质量,推动科研成果的应用,提升社会服务与宣传能力。政府部门应加大对高校与幼儿园合作的支持力度,推动双方建立长期稳定的合作关系,为我国教育事业的发展贡献力量。

二、高校学前教育专业与幼儿园建立合作联盟的路径

(一)探索人才培养模式:明确合作培养的目标与内容

高校学前教育专业正积极响应现代职业教育的需求。为了更好地培养学生,该专业构建了"三全育人"体系、实训技能培训体系、技能训练机制以及考核机制,以确保学生全面发展和具备实际工作所需的技能。

一项重要举措是打造"校—园"合作联盟,旨在夯实学生专业基础,推动职业化教育。通过与幼儿园等教育机构的密切合作,学生将能够更好地理解幼儿教育的实际运作,并将理论知识应用于实际教学中。这一联盟不仅为学生提供了丰富的实践机会,也使他们更好地适应并融入教育领域的专业要求。

在实习阶段,学生的目标将与幼儿园教师的典型工作任务相结合,包括但不限于幼儿发展评价、生活组织、游戏指导等方面。这样的实践目标不仅有助于学生深入了解幼儿教育的方方面面,还使他们能够更好地适应未来成为一名优秀的学前教育专业人才。

(二)高校重构实践教学模式:共同探索多种培养方式

第一,高校秉持"校—园"协同创新理念,将学生置于教育的核心,倡导"全实践"教学理念。

第二,高校推动专业教师参与幼儿园的"顶岗"实践制度。为规范这一制度,高校应制定并完善了"顶岗"学期工作计划和目标,并创新了汇报展示和评价考核机制。为确保教师的实际经验,高校应规定每位专业教师至少每两年跟岗学习三个月,以保持教学内容的与时俱进和专业水平的提升。

第四,学校着力选拔优秀幼儿园教学能手,每年为学校进行新入职青年教师培训和骨干教师培训。通过向幼儿园教师开放网络精品课程资源,选拔优秀青年教师进行专家讲座,促使"校—园"双向培训得以推动。这一举措旨在持续提升教育水平,形成良性循环的师资培养机制。

(三)高校重视合作园所资质考评:共同落实考核评价机制

高校与幼儿园合作联盟的要求涵盖了多个方面,旨在建立一种有利于实践教

学的合作模式。首先,联盟要求明确的考评标准和适度的入盟门槛,以确保合作双方都能够达到一定的教育质量标准。园所领导在参与联盟时,必须重视实践教学,持有科学观念,并符合国家教育政策。此外,园所应该在其所在地区或行业内具有良好的声誉和社会形象,同时展现出发展潜力充足的特质。为了保障实践教学的有效进行,园所还需要提供适宜的实习条件和业务指导,并拥有完善的管理机构。园所领导在实习生管理方面应具备责任感,并执行相应的实习生管理条例。最后,园所需要具备一次性接收20人以上实习生的能力,以确保实践教学的规模和质量。

为了顺利实施高校与幼儿园的合作,建议高校在公布资质要求后,对有意建立联盟的园所进行分批次的严格审查。这一步骤的目的是确保合作伙伴具备足够的实力和条件,以支持实践教学的顺利进行。一旦园所满足资质要求,高校则可以适时建立合作联盟关系,从而启动实践教学的合作计划。

在实践教学质量评价方面,高校可以成立考核组,由学校和园所指导教师组成。这个组织负责强化校内外指导教师之间的沟通,以确保学校指导教师在园指导时间内能够有效引导学生。评价过程应包括实施过程性评价,重点关注学生在实习期间的劳动纪律、工作态度、团队合作、人际沟通和专业能力等方面。同时,结合园所教师的反馈,高校应及时对学生进行督促、指导和鼓励,以确保实践教学的质量和效果得到最大程度的提升。

(四)园方重视构建合理的导师梯队:促进学生的多样化发展

在构建教育实践机制方面,该体系以高校为主导,幼儿园为辅助,形成了一个有机的整体。这一机制的设计有助于更好地满足学生的教育需求,确保他们在学习过程中得到全面的支持。关键在于平衡学校和幼儿园在教育实践中的作用,以促进更有效的学习体验。在幼儿园指导教师方面,注重专业实践能力的培养是至关重要的。这要求教师适应职业岗位需求,不仅在理论知识上有所精通,更要在实际教学中展现出卓越的实践技能。通过这种方式,幼儿园能够培养出更具竞争力的指导教师,为幼儿的全面发展提供更好的支持。“校—园”合作联盟的形成提高了对幼儿园指导教师的要求,同时也促使园方重新思考内部教师队伍的建设与评价机制。这种联盟机制有助于提高整体教育水平,推动幼儿园教育向更高水平发展。在构建合理的内部教师梯队方面,幼儿园应采取多种形式。通过这样的梯队建设,实现导师与学生的优势互补,为教育实践提供更为丰富的资源和支持。

第二节 基于园校互动的高校学前教育专业学生能力培养模式

一、基于园校合作的"双师型"教师培养模式

（一）园校合作培养"双师型"教师的重要意义

在20世纪90年代初，教育领域出现了"双师型"教师的概念，然而，这一概念尚未得到统一的界定。与此同时，对"双师型"教师的素质要求逐渐凸显，其中包括对规范理论教学和专业技能指导的需求。

在学前教育领域，培养"双师型"教师的一个关键途径是通过与幼儿园的紧密联系，实施园校合作。这种合作并非仅仅是一种表面的协同，而是建立在高校与幼儿园之间的深度互动的基础上。这样的园校合作有助于构建教育合作共同体，实现高校和幼儿园的双方共赢。

园校合作在学前教育领域的具体表现是高校与幼儿园的协同努力，通过共同努力实现更高水平的教育质量。高校教师通过这一合作机制深入了解幼儿园的管理体制、师资建设等，从而提升自身的专业素养和实践能力。这种深度了解是培养"双师型"教师所必不可少的。同时，有先进教育理念和教育经验的高校教师通过参与幼儿园教学活动、保教活动及游戏活动，帮助幼儿园提升自己的科研水平和办园能力。这样的互动促进了高校和幼儿园之间形成更加紧密的合作关系。

（二）园校合作培养"双师型"教师的多元模式

第一，澳大利亚TAFE（职业技术教育）模式注重教师选拔和职前要求。首先，在教师选拔方面，TAFE机构的教师必须具备至少5年的专业实践经验，并持有相应的教师资格证。这确保了教师在教学中拥有丰富的实际经验和专业知识。其次，职前要求要求在担任教师之前，候选人必须具备5年以上的兼职教师经验，着重考察实践经验，以确保教师不仅具备理论知识，还能够运用实际操作技能进行教学。

第二，日本市场模式则采用多途径获得教师资格证，并注重实践要求。首先，在获得教师资格证途径方面，日本提供三种选择，包括完成国家规定培训课程、各县组织的统一考试和短期临时培训。不论选择哪种途径，申请者都需要通过实践操作考核，完成一年的在职培训，进行实践锻炼，方可最终获得教师从业资格。这确保了日本教师既具备理论基础，又通过实际操作培养出实用技能。

第三,德国双元制模式突出师范教育阶段合作的重要性。在师范教育方面,德国将师范教育划分为两个阶段。第一阶段是大学课程学习,结束后需要参加国家考试。第二阶段则是实践性的教学培训,以预备性服务形式进行。此模式确保了教师在理论学习和实践培训两方面都得到全面的发展。此外,德国双元制模式强调教师与外界的合作,包括教学上的项目组织和在不同学习场合的合作。这种紧密的合作关系成为该模式的一大特点,帮助教师更好地适应复杂多变的教育环境。

(三)园校合作培养“双师型”教师的对策分析

1.营造园校合作优良环境,健全合作机制

在推动高校发展的关键要素中,构建一个促使园校合作蓬勃发展的优良环境以及健全的合作机制尤为重要。高校的“双师型”教师队伍对于培养全面发展的人才至关紧要,而园校合作被认为是培养这一队伍的最佳途径之一。为此,有必要依托政府和教育行政部门,建立健全的合作机制。在学前教育领域,政府可以通过协调,促使高校与幼儿园展开全方位的合作,包括见习、实习、教师互换和研讨等活动,充分发挥双方的优势,以培养出更多高水平的“双师型”教师。

2.资源整合,双向互动培养“双师型”教师

(1)在促进内涵式发展的过程中,高校和幼儿园教师形成了研究共同体,为教育体系的提升奠定了坚实基础。这一共同教研的实践包括教师们共同探讨、分析和评价具体教学案例,通过深入交流推动了内涵式发展的步伐。高校教师以其理论优势充分发挥,引领幼儿园教师进行教育科研,不仅促进了教育水平的提升,更为教学实践提供了理论支持。这样的合作模式不仅增进了教师之间的交流,更加强了教育体系内部的协同作战,为内涵式发展提供了重要动力。

(2)推动园校合作,实现内外资源的充分整合,是高校和幼儿园共同的目标。通过开展深入的园校合作,两者得以实现人才和资源的优势互补,为共同发展创造了更为有利的条件。

3.园校合作,多渠道培养“双师型”教师

(1)幼儿园作为高校学前教育专业实训的关键基地。实习期间,学生有机会将在课堂上学到的理论知识应用于实际工作中,从而更深刻地理解和掌握教育的专业技能。这种实际操作的经验不仅能够提高学生的教学水平,还能够使他们更好地适应未来工作中可能面临的各种挑战。产学合作共建实训基地的模式,既让高校得以向社会输出优秀的学前教育专业人才,也为幼儿园提供了专业水平更高

的教育者,实现了园校互惠双赢的局面。

(2)高校实验室建设与专业研讨平台搭建。通过定期开放高校实验室和实训中心给予幼儿园机会,可以让教育者们更直观地了解最新的教育技术和教学工具。同时,幼儿园教师与高校教师的共同组织教研探讨,有助于促进双方在教学和科研领域的交流与合作。通过这样的交流平台,幼儿园教师还可以接触到高校先进的实验设备和创新的幼教理念,为他们的专业发展提供更多的启发和支持。

(3)校中园模式。有条件的高校可以选择自主办园,这不仅推动了学前教育专业的发展,也有助于培养更多"双师型"教师。合作办园模式进一步提升了园校双方的水平,实现了产学研一体化合作。同时,这种合作模式为高校提供了更多的实践锻炼场所,使学生能够更全面地了解和适应未来教育工作的需求。因此,校中园模式不仅促进了高校学前教育专业的进步,也为培养具备实践经验和理论基础的"双师型"教师提供了可行的模式。

4.完善评价机制,激发教师实践的积极性

为激发教师实践的积极性,完善评价机制显得至关重要。科学、合理的评价机制是培养"双师型"教师成功的关键所在。这一机制应当具备多元化评价主体,不仅仅局限于教学方面,还需涵盖教师的道德素养和人际交往等综合能力。同时,为了激励更多教师积极参与实践,可以建立相应的激励机制,例如在职称评聘中优先考虑"双师型"教师,并制定合理的考核标准,鼓励教师主动进行换岗,实现更全面的锻炼与发展。

5.加强合作规范,有效实现良性循环

为了确保园校合作能够稳步推进,加强合作规范显得尤为必要。目前,园校合作存在一定的规范缺失,因此需要建立专门的委员会来进行管理和规划。这一委员会应制定合理的工作流程,明确参与人员的职责,并兼顾高校和幼儿园教师的利益。通过完善合作规范,深化系统性合作,园校合作能够实现良性循环,有序发展,从而为"双师型"教师的培养提供更为坚实的基础。

二、高校学前教育专业学生"园—校互动联盟"培养模式

职业学校和企业(幼儿园)建立伙伴合作机制,成为学前教育事业发展的时代呼声和必然需求。在此背景下,"园—校互动联盟"成为学前教育专业学生培养的新路径。在职业学校与幼儿园的有效合作模式中,首要步骤是共同制定培养方案和课程体系,以确保双方的利益得到充分满足。这种定制的课程旨在满足学前教育专业的学生需求,为其提供有针对性的培养。实施"实战演练"和见习实训成为

关键环节，通过这些实际操作，学生能够更好地适应幼儿园的实际工作环境。同时，职业院校与幼儿园还可以推动幼儿园专业教师参与职业院校的教学过程，为学生提供更贴近实际的课堂体验，并通过研讨教学实例，实现理论与实践的深度结合。

第一，为共同制定人才培养方案，园校合作至关重要。这一方案不仅仅包括培养目标，还涵盖了规格、培养过程以及方式的整体设计。面对学前教育专业学生扩招的需求，方案的设计应当灵活应变，以满足幼儿园对人才的实际需求。只有如此，培养出来的学生才能更好地适应学前教育领域的发展，真正服务于实际需求的对接。因此，共同制定人才培养方案成为园校合作的首要任务，为双方建立起可持续的合作基础。

第二，教学演练是人才培养方案中至关重要的一环。在这一过程中，幼儿园教师与职业学校密切合作，走进课堂，分享自身的一线学前教育经验。通过与学生直接接触，将理论与实践有机结合，使学生更好地理解和应用所学知识。教学演练不仅包括模拟教学实践活动的训练，还涵盖专业教师在课堂中生动具体地传授知识。这种亲身经历不仅培养学前教育专业学生的教学实践能力，同时也促进了专业理论知识在实际教学中的应用。通过专题讲座解答学生疑虑，专业教师与学生的互动，有效地提高了教学效果，为学生未来的职业生涯奠定了坚实的基础。

第三，在培养学前教育专业学生的过程中，幼儿园应当采取一系列措施，以确保他们能够在理论知识与实践经验之间取得平衡。首先，幼儿园有必要定期组织学前教育专业学生参与见习实训和观摩活动。这一安排可以以学期为周期进行，每周安排半日至一日的实践时间，使学生能够将在课堂上获得的理论知识与实际操作相结合。通过这种方式，学生不仅能够更深入地理解所学内容，还能够提前接触并适应幼儿园的实际工作环境。此外，为了拓展学生的知识和经验，幼儿园还应该积极激励学生参与各类幼儿园活动。这包括家长开放日、春游、运动会等不同形式的活动。通过参与这些活动，学生可以更全面地了解幼儿园的运作机制，增强对实际情况的认知。这样的参与不仅有助于学生的个人成长，还能够促进其专业素养的提升，使其更好地适应未来的工作需要。

第四，为了更加有针对性地培养学前教育专业学生，幼儿园还应当在教学活动的安排上下功夫。首先，定期安排学生观摩实际教学活动，并要求学生在活动前进行充分准备，学习相关教案。这种观摩不仅能够提高学生的实际操作能力，还能够使其更好地理解理论知识在实践中的运用。通过这种方式，学生在观摩中能够更有针对性地提升自己的专业水平。观摩后，学生与授课教师应当共同深入探讨所观察到的教学活动,促使双方成为主动学习的探究者。这样的深入交流不仅有助于学生对教学活动的深入理解,还能够激发他们的思考和创新意识。通过分享经验与疑惑,学生和教师可以共同进步,形成良好的学习氛围。幼儿园还可以定期给学前教育专业学生安排教学任务,提供帮助和指导。这样的安排能够让学生更主动地组织幼儿进行教学活动,并在活动后进行深入的研究和分析。通过实际的教学任务,学生能够更好地锻炼自己的教学能力,提高解决问题的能力,从而全面提升其专业水平。

三、高校学前教育专业的全程式“园校合作”模式

全程式“园校合作”浮现为一项创新的培养师范类学前教育专业学生的模式,其核心原则包括需求导向、协同创新以及深度融合。该模式旨在解决学前教育专业学生培养过程中的薄弱环节和突出问题,通过构建高校与幼儿园协同培养的新机制,实现了双方的紧密合作。其主要目标是培养具备理论知识扎实、教育教学能力卓越,且具备自觉自我发展意识的未来幼儿园教师。通过此创新模式,不仅可以提升学前教育专业的人才培养质量,而且有望转变幼儿园教师的专业发展模式。通过与幼儿园的深度合作,学生将能够更全面地了解实际教育场景,提高实践能力,并更好地适应幼儿教育的多样性需求。这一举措不仅有助于提高学前教育专业的整体水平,还为深化幼儿教师培养模式改革及构建现代教师教育体系提供了崭新的路径。

(一)全程式“园校合作”模式的特征分析

全程式“园校合作”模式着眼于学生的整个学习历程,从入学到毕业,高校与幼儿园形成紧密的合作关系,以促进幼儿身心发展。这种模式注重全程式培养,通过层进式、全方位的训练和培养,实现学生在各个阶段的能力和素养的逐步提升。为了达到这一目标,各方整合资源,共同致力于提高学前教育专业学生的理论素养和实践技能。

第一,资源的共享性。在学前教育领域,高校与幼儿园的合作呈现出显著的资源共享性。高校将幼儿园视为实训基地,通过这一创新的合作方式,双方能够实现资源的相互融合和补充。高校充分利用幼儿园的场地、设备以及教学环境等方面的资源,为学生提供更加实践性的培训。同时,幼儿园通过与高校的深度合作,获取到先进的理论和研究成果,有效提升了教育理念和理论素养。这种紧密的联结,不仅有助于高校更好地实现教学目标,也使得幼儿园在教育方法和理论

方面能够保持领先地位。

第二,学前教育专业学生培养机制的支持性过程。这一合作模式的支持性过程得以体现在多方面。首先,园校相互支持,为学生提供全方位的学习环境。同时,校内外导师之间也展现出积极的相互支持,通过分享经验和资源,共同促进学生的专业发展。此外,园校的合作不仅仅是表面上的支持,更是在激发和唤醒学生潜力的过程中,通过相互合作实现优势能力的发展。这种支持性机制的建立,有助于学生在合作与共同支持下,实现专业有效发展和全面成长。

第三,全过程的互惠性。整个合作过程呈现出全过程的互惠性。高校将幼儿园视为技能训练基地,同时幼儿园将高校视为理论提升平台,双方充分发挥各自的优势。通过合作与对话,高校为幼儿园提供专业指导,实现相互借鉴、取长补短,达到自我提升。这种有效的互动机制不仅使双方共同培养学前教育专业学生,更在理论素养和专业技能的提升上达成共识。通过合作机制,实现互惠共赢,确保园校双方共享人才培养、课程研发和社会服务的成果,为学前教育领域带来更加全面和深入的发展。

(二)全程式“园校合作”模式的价值取向

在以高校为理论基地、幼儿园为实习现场的全程式“园校合作”模式中,关键在于整合双向的教育资源,构建起基地培养、教学互动、以学促研的培养机制。通过这种机制,可以实现人才培养与合理就业的良性循环。该模式突出了幼儿园在学前教育专业学生培养全过程中的重要角色,注重合作时间、过程和内容的贯通与整合。

1.全程式“园校合作”重视合作时间的贯通

在“园校合作”模式下,整个学习过程始终贯穿合作,从学生踏入校门的那一刻一直延续至毕业。这一全程合作的设计旨在确保学习的连续性和贯通性,使学生能够在学前教育专业领域中得到全面而有深度的发展。

教育目标的核心在于将学前教育专业的课程、技能操作、实习和社会实践等要素有机统一,通过有序的组织和安排促进学生实践能力的全方位提升。

2.全程式“园校合作”强调合作过程的延续性

在全程式“园校合作”中,教育见习与实习贯穿学前教育全过程,为学生提供了更为深入和全面的实践体验。这种全程贯通的实践教学模式不仅实施了入职式、体验式、调研式、参与式和模拟式等多种形式,而且强调了合作过程的持续性和延续性。学生、教师、高校与幼儿园之间的合作关系不仅仅是一段时间的合作,更体现出长期的紧密互动。这种关系的延续性为学生提供了更多的学习机会，也为教师及幼儿园提供了更多的资源和支持，共同推动学前教育的全面发展。

3.全程式“园校合作”注重合作内容的统整

全程式“园校合作”不仅仅关注实践活动的持续性，更侧重于合作内容的全面整合。这种整合包括培养目标、培养计划、培养观念、培养组织、校内外教师、培养课程等多个方面。通过追求合作内容的全面性和整合性，能够更好地促进各方资源的共享和充分发挥，实现优势互补。园校合作着力于解决教学问题、进行教师培训、展开科研合作等方面的整合，使得教育体系更加紧密有机。这种整合不仅仅是高校与幼儿园两个不同机构之间的协同，还包括教师群体的有机整合，通过协同努力，推动整个学前教育体系的进步和发展。

（三）全程式“园校合作”模式的实现路径

1.构建协同课程体系

学前教育专业的课程设置对于实现教育目标至关重要。在这方面，特别需要注重基础课程，以确保学生全面掌握教育教学理论，并实现理论与实践知识的有机结合。目前，我国学前教育面临一系列问题，包括教育内容、实习教育和课程设置未能充分突显幼儿教师职业的复杂性和特殊性。过度强调理论知识学习，而忽视实践技能培养，导致新教师在实际教学环境中难以应对。

整个课程设置过程以一体化为引领，以基础理论知识为特色，确保教师教育课程在时间和内容上连贯与完整。这样的设计旨在实现幼儿教师能力与实践场所的有机融合，确保学生在步入工作岗位前能够全面掌握教育实践性知识和实践性智慧。通过这样的课程设置，学前教育专业能够培养出既具备专业精神，又具备提升专业能力的新一代幼儿教师。这不仅有助于解决目前存在的问题，同时也为学前教育领域的长远发展奠定了坚实基础。

2.创新实践教学体系

《幼儿园教师专业标准（试行）》以“能力为重”为基本理念和价值取向，确立了全体幼儿教师的核心目标。其中，构建以综合教育技能为核心的实践教学体系成为实现这一目标的基石。实践教学体系在幼儿师范教育中扮演着关键的角色，通过正规的实践训练，能够培养出合格的大学毕业生和幼儿园教师。

理论学习仅是整个培养过程的一部分。更为关键的是，在幼儿园实践训练现场提供支撑。高校课堂上传递的理论知识在校外导师的指导下得以付诸实践，通过示范、讲解、传授等方式，将教学艺术和方法传递给实习生。这种直接的实践训练不仅使学生在实际操作中增强对幼儿园教学的直观认识，同时也切实帮助他们掌握教学技能和本领。

3.推动“双导师制”

在实施“双导师制”时，有效的专业引领成为基础，而两位导师在此框架下需明确各自的职责，并通过协同合作共同推动学生的全面成长。校内导师肩负着培养学生学习能力和巩固基础理论知识的核心职责。为了更好地实现这一目标，校内导师在初期阶段应当深入了解学生，因材施教，向学生介绍专业特性、学习方法、发展方向和就业趋势。随后，他们需要提供专业知识指导，解答疑问，并给予有效引导，确保学生在学业上能够稳步前行。

教育实习和实践技能训练则由校外导师负责，他们的主要职责是提升学生的教学技能和应对突发状况的应变能力。为了更好地实现这一目标，校外导师需要根据学生的能力和特点制定个性化的指导方案，确保实践技能能够得到有效提升。

在“双导师制”框架下，校内外导师需要通过全面、深入的协同努力，共同实施学前教育专业学生的培养。这涵盖了课程体系设计、资源开发、教师研修以及基地幼儿园的发展等多个方面。通过引领教学反思、提出问题，两位导师能够显著提升学生的整体理论素养、创新能力和教学水平。

4.强调考核评价体系

在全程式“园校合作”模式下，考核评价体系的设计旨在促使高校与幼儿园充分整合各自的教育资源，以实现高校学前教育专业人才培养与幼儿园教育的协调一致，实现互利共赢的目标。该评价体系以专业特色为导向，强调过程评价与结果评价的融合，注重校内理论知识考核与幼儿园实践考核的结合，形成一个多元化的评价框架。

高校学前教育专业的主要使命在于培养合格的幼儿园教师。因此，评价体系着重考查学生是否满足幼儿园对教师的需求，以及是否能够适应未来幼儿园工作的挑战。结合幼儿园工作岗位的考核标准，该体系确定了理论考核与能力考核的比例，并建立了以专业特色、能力为核心，过程为重点，理论掌握为基石的评价考核体系。

全程式“园校合作”培养模式下，人才培养质量监控体系的构建变得至关重要。这有助于确保课堂教学和实践教学的高质量，提升人才培养的整体质量和学校内涵。这一体系的有效性和稳定性为学生就业提供了坚实的基础，为他们在职业生涯中更好地应对各种挑战奠定了基础。通过全程式“园校合作”，教育机构不仅实现了高校与幼儿园资源的有机结合,同时也为学前教育专业的培养提供了更加全面和深入的保障。这一模式的实施,将为未来的学前教育提供更为坚实的师资支持和质量保障。

第三节 园校育人视角下高校学前教育专业课程实践教学

实践教学在培养师范生实践和职业能力方面扮演着至关重要的角色。当前,相关部门对高校提出了新的要求,迫使各大学深化教学改革,以提升实践性。针对学前教育专业学生,通过加强实践教学,高校致力于提高其岗位适应能力,从而培养更多的高素质人才。

一、园校育人视角下高校学前教育专业课程实践教学的意义

随着社会的不断发展,人才市场对高校毕业生的要求也在不断提高,特别是对实践能力和知识应用能力的追求更为明显。在这一背景下,合作育人模式在职业教育中受到了极大的重视。为了适应这一变化,高校应当积极推进教学改革,采取产教融合等方式,提升实践教学水平。这一过程旨在满足人才市场对高校毕业生的需求,进而提高人才培养的整体质量。为解决这一问题,高校需要深入分析人才市场的需求,创新教学方式,强化学前教育专业课程的实践性,以培养更符合社会需求的高素质专业人才。

二、园校育人视角下高校学前教育专业课程实践教学的影响

第一,园校合作深化不足。在高校教育体系中,一些学校虽然已经在实训基地建设上取得了一些成就,但是他们与园校的合作却显得不够深入。这一现象主要源于两方面的原因,一是由于存在制度性的障碍,阻碍了深度的合作;二是观念性的问题,学校主导的合作模式导致了双方之间的沟通不畅。在合作过程中,缺乏共赢的理念,导致双方资源无法充分共享,直接影响了实践教学的效果。为了更好地推动园校合作,有必要解决这些问题,以建立更为密切和有效的合作关系。

第二,师资力量不足。园校合作对教师提出了更高的要求,需要他们具备丰富的实践经验。然而,部分教师受传统观念的束缚,难以拥有足够的灵活性应对实际需求。特别是年轻教师,由于理论应用能力不足,导致学前教育专业课程实践效果受到影响。因此,提升高校师资水平,培养更符合实际需求的教育人才,是推动园校合作的另一关键步骤。

第三,制度建设需加强。规范化的教学管理制度应当全面覆盖各个方面,包括教学大纲的设计以及实训基地的建设等。在当前园校合作模式发展的阶段,制度建设尤为关键,尤其是需要解决管理职责不清晰的问题。只有通过健全的制度体系,才能为园校合作提供有力的支持,从而更好地推动教育体系的优化和升级。

三、园校育人视角下高校学前教育专业课程实践教学的策略

(一)明确实践教学目标

在园校合作育人视角下,强化学前教育专业课程实践教学的效果,成为当前高校教育改革的重要任务。为了实现这一目标,高校需明晰实践教学目标,引导教师和学生共同关注实践教学的重要性。

第一,教师应帮助学生在学习过程中建立对专业的明确认识,树立正确的教学观,这意味着教师要引导学生深入了解幼儿的天性及情绪变化,认识到每个幼儿都是独一无二的个体,并在教学过程中充分尊重幼儿的差异,平等对待每一个孩子。以儿童社会教育课程为例,教师应引导学生关注幼儿在社会交往中的需求和困惑,从而培养正确的教学观。

第二,教师应引导学生立足于幼儿学习与生活中的实际问题,运用专业知识帮助幼儿解决问题。这要求教师在教学过程中注重培养学生的实践能力,让学生在理论学习的基础上,学会将知识应用于实际工作中。此外,教师还应引导学生养成自我反思的习惯,以更好地创设教学活动。

为了实现上述目标,教师在教学设计中需拓展思路,创设教学情境,引导学生认真分析幼儿的特点,对幼儿进行仔细观察。在教学目标的指引下,教师应关注幼儿在学习与发展过程中的需求,充分调动学生的积极性,激发学生的创新能力,从而有效提升教学实践能力。

(二)建构教学资源共享平台

在信息化时代,构建教学资源共享平台对于开展学前教育专业课程实践教学具有重要意义。通过这一平台,我们可以整合各类优质的实践教学资源,激发校外实训基地积极参与实践教学的活力,从而提升实践教学的整体效果。

第一,高校在教育体系中扮演着举足轻重的角色。它们不仅是培养人才的摇篮,也是推动社会进步的重要力量。在这样的背景下,建立健全的教学资源共享平台显得尤为重要。这一平台不仅可以提高教师的教学水平,还可以推动教学方法的改革和创新。

第二，要关注的是合作幼儿园的教师，他们作为学前教育的一线工作者，直接影响着孩子们的发展。通过教学资源共享平台，他们可以与高校学前教育专业的教师进行沟通交流，分享教育教学经验和心得。这将有助于提升他们的专业能力，实现理论与实践的紧密结合。

第三，要关注的是高校在培养学前教育专业人才方面的责任。高校应利用资源共享平台深入了解社会对学前教育专业人才的需求，从而调整和优化教学内容。这样，培养出的人才才能更好地满足社会需求，为我国学前教育事业发展贡献力量。

第四，教学资源共享平台还可以促进高校与社会各界的紧密合作。这种合作将为学前教育专业课程实践教学提供更多的资源和机会，全面提升学前教育专业课程实践教学的效果。

综上所述，教学资源共享平台的建立和完善对于提高教师教学水平、促进教学方法改革和创新、提升合作幼儿园教师专业能力、培养高素质学前教育专业人才以及推动我国学前教育事业发展具有重要意义。我们应该高度重视这一平台的建设和推广，为我国学前教育事业的繁荣做出贡献。

（三）创新多元教学方式

创新多元化的教学方式是我国高校学前教育专业教师在教学过程中的重要任务。在教学过程中，教师应以学生为主体，引导学生通过高质量的理论学习与实践学习，不断提高理论知识运用能力。为实现这一目标，教师应探索和实施多种教学方式，如分组教学、虚拟教学、现场教学、案例教学及角色扮演等。

第一，分组教学是一种有效的教学方式，教师可以引导学生分为若干小组，在小组内进行活动策划和实施。这种方式有利于激发学生的学习兴趣，提高学生的主动性和团队合作能力。在分组教学过程中，教师应关注每个小组的学习进度和表现，及时给予指导和评价，确保学生能够充分运用所学知识解决实际问题。

第二，虚拟教学和现场教学是两种相结合的教学方式。教师可以利用信息技术创设模拟教学场景，让学生在虚拟环境中锻炼实践能力。同时，现场教学也能让学生亲身体验实际工作场景，提高学生的实践操作能力。这两种教学方式的结合，可以让学生在理论和实践之间实现无缝对接。

第三，案例教学和角色扮演教学是培养学生问题解决能力和创新思维的重要手段。教师应选择具有现实意义的案例，引导学生通过讨论、分析和角色扮演等方式，深入了解问题的本质和解决方法。这种方式有助于提高学生的综合素质，培养学生的社会责任感和使命感。

此外,教师还应根据不同实训场地的要求,设计相应的实训内容。例如,教师可以指导学生组建学习小组,让各组学生在不同的教学情境中进行活动策划。同时,教师还可以让学生在课后以小组的形式通过录音录像回顾自己的课堂表现,从而找到更为适合的学习方式。总而言之,创新多元化的教学方式有利于提高学前教育专业学生的学习兴趣和积极性。学生可以将这种分组教学模式应用到实训中,组织幼儿进行分组模拟表演,为幼儿营造多元化的学习环境,调动幼儿的学习积极性,提高幼儿的课堂教学参与度,培养幼儿的团队意识和竞争意识。在未来的教学实践中,学前教育专业的教师应继续探索和优化教学方式,为培养具有创新精神和实践能力的学前教育人才贡献力量。

(四)创建“双师型”教师队伍

在园校合作育人视角下,高校迫切需要加强师资队伍的建设,以培养具有丰富教学经验和实践教学能力的“双师型”教师。为实现这一目标,学校应当充分认识到建立经验丰富的教师队伍对学生实践能力培养的不可或缺的重要性,因此需要强化教师的素质培养,包括提升教学经验和实践经验。

在“双师型”师资队伍建设中,合作幼儿园扮演着重要的角色。合作幼儿园的教师应当积极参与教学大纲的设计,并在每个环节的教学中与高校教师相互学习,实现取长补短,促进共同进步。通过这种方式,能够有效地推动教师素质的提升,同时也有助于增强教师在实践教学中的应变能力和创新意识。为了进一步提升教师的能力,高校应当通过技能研讨会、交流会、学习活动等方式,引导教师不断提升解决问题的能力,特别是在幼儿伙伴冲突等方面的处理技能。这样的培训不仅有助于教师在实践中拓展知识,还能够有效提升其专业能力。为了强化实践教学效果,高校还应当鼓励教师亲身参与幼儿园的教学工作,进行幼儿行为的观察分析、化解冲突与矛盾。这些实践经验可以有针对性地整合到教学大纲中,从而更好地培养学生的实践能力。为了全面提升师资力量,高校应积极组织教师参与校外学习,引进外部师资,多方面加强师资力量建设。

(五)构建完善的教学评价体系

构建完善的教学评价体系的重要性不言而喻,它不仅可以起到引导和激励学生的作用,更能全面提升学生的综合素质。在新时代的教育背景下,园校合作已成为教育改革的重要手段,高校学前教育专业的评价体系也应顺应时代发展的需求,做出相应的调整和优化。

第一，评价体系应全面覆盖学生的专业认知、教育理念、实践能力、幼儿观察能力、幼儿评价能力、沟通能力、活动组织能力以及师德师风等多个方面。这样既能全面评估学生的专业素养，又能激发他们在各方面不断提升自己。

第二，评价体系应注重对学生学习过程和实践实训过程的考查，而不仅仅局限于学生的考试成绩。这样可以引导学生注重实践，提升实践能力，更好地为未来的职业生涯做好准备。

第三，评价主体也应多元化，除了教师的评价，还应充分吸纳学生的自我评价以及同伴评价。这样可以让学生更深入地了解自己，提升自我认知和自我反思能力。

第四，学生也应参与到教师的教学评价中，让他们感受到教学评价的多元化和重要性，从而在未来的工作中能更好地引导幼儿进行自我评价。

第五，通过科学、客观的评价体系，可以有效地提高教学效果，提升学生的实践能力，培养出更多具备高素质、高能力的学前教育专业人才，为我国的教育事业做出更大的贡献。

总体而言，完善的教学评价体系是推动学前教育专业发展的重要手段，也是提升学生综合素质的关键。只有不断探索和创新，才能构建出更加科学、合理的评价体系，为我国的教育事业助力。

第四节 基于园校合作共同体的学前教育专业学生认同感提升

"园校合作共同体"即汇集地域内优质学前教育资源，立足示范性幼儿园作为开展多元合作的校外实践教学基地，畅通园校全方位合作共育专业人才的路径。基于园校合作共同体的学前教育专业学生认同感提升主要有以下路径：

第一，全程职业引导，夯实职业认知。学校设立关键节点，定期召开班会，通过梳理学习问题的方式，有效缓解学生的焦虑情绪，并为他们提供专业学习建议。这一举措不仅有助于解决学习上的疑虑，还为学生建立了更为明确的职业方向。在学生入学时，学校便着力建立情感联系。通过分享专业学习经验，教师们主动与学生互动，关心学生的学习进度，并引导他们树立学位获取意识。这种情感上的关怀不仅使学生感受到学校的温暖，更有助于激发他们对专业学习的积极性。此外，学校注重培养班级骨干，塑造学习榜样，以形成良好的班风和学风。通过培养一批学业优秀、品德高尚的学生，学校为其他同学树立了学习标杆，推动了整个班级的学习氛围。教师们根据成人学生的特点，引导学生认识学前教育专业的特殊性，激发他们学习的自主性，提升实践能动性。这一全程职业引导的体系不仅帮助学生更好地认知自己的职业发展方向，同时也促使他们更积极地投入学习中。

第二，拓展园校合作，强化岗位能力。拓展园校合作，强化岗位能力——新时代职业教育发展的关键举措。为了适应经济社会发展的需要，提高职业教育的质量，拓展园校合作，强化岗位能力成为职业教育发展的重要任务。一是完善人才培养体系。以岗位需求为导向，调整专业设置，优化课程体系，确保人才培养与岗位需求的紧密结合。二是加强师资队伍建设。引进企业优秀技术和管理人才，充实教师队伍；加强教师专业发展，提高教师教育教学水平。三是深化实践教学改革。加大实践教学环节，创新实践教学模式，提高学生动手操作能力和实际工作能力。四是建立健全产学研结合的长效机制。推动校企深度合作，共同开展科研攻关，促进科技成果转化。

第三，岗课赛证一体，优化教学内容。为应对新教师资格证考试改革，学校着重提升专任课教师的课程建设能力，并鼓励他们进行1+X证书的突破。这一措施旨在使教师们更好地适应新考试制度，提高他们的教育水平，为学生提供更为优质的教育资源。同时，学校邀请一线骨干教师担任笔试辅导教师，通过与学生的互动，帮助他们贯通理论与实际，掌握答题技巧。此外，有面试经验的专业人员也被邀请担任面试训练辅导教师，引导学生感知答题情境，从容面对考试。这种由实践经验丰富的教育者担任辅导教师的模式，有助于提高学生的应试能力。学校将备考思想与训练融入日常课程教学，进行考前辅导及专项训练，以确保课程与幼儿教师资格证有效对接。这种一体化的教学模式不仅提高了学生备考效率，也使教育内容更加贴近实际需求，为学生未来的从教之路奠定了坚实基础。

第四，课程思政育人，提升职业素养。学前教育专业在育人方面追求更高水平，着力将思政元素巧妙融入教学，以打造独具特色的学前思政课程。该专业在实施过程中，积极强调学生的思想政治教育，通过创新教学方法和内容设计，致力于培养学生积极向上的人生观和价值观。学校将立德树人的使命贯穿学前教育专业，通过推动专业课程思政教学教研活动团队，确保全面覆盖并推动“三全育人”的目标。这一举措不仅有助于学生全面发展，也有助于构建更为健康和积极向上的社会风气。

第五，突出实践教学，完善课程体系。为提升幼儿教师的实际能力，学前教育专业强调突出实践教学，以更好地完善课程体系。主干课程不仅紧紧围绕幼儿教师职业能力培养展开，而且将理论与实践相巧妙结合，确保实践时数占总课时的

40%以上。学校与幼儿教师职业资格证书相结合，将课程评价方式紧密联系，以强化学生职业能力的考核。此外，实施档案式记录和整理学生每学期的实践活动，采用多元化评价策略，调整实践作业，目的在于提高培养人才的针对性和实效性。通过这些努力，学前教育专业将更好地满足社会对幼儿教育专业人才的需求，推动该领域的不断发展。

综上所述，引导幼儿园持续参与学前教育专业人才培养的方案制定、日常教学、见习实习的全过程。园校双轨并行，为人才培养提供实践情境，不断提升学生的专业认同感，真正实现深度合作办学，服务地方经济社会发展需要。

第六章 “UKC联盟”下高校学前教育专业与社区合作的学生能力培养

第一节 高校学前教育专业与社区合作的必要性分析

社区学前教育在我国独具特色,我国幼儿教育领域持续不断地进行各种研究与探索,旨在丰富教育内容,拓宽教育途径,扩大教育影响力,培养适应我国社会发展需求且身心健康的新一代公民。然而,我国社区学前教育仍有很大的发展空间,认识和普及社区学前教育应成为当务之急。

在杜威的教育思想的引领下,社区教育逐渐发展成熟,并在国际上获得了广泛认可。其中,社区学前教育作为社区教育的重要组成部分,以其地域性特征为基础,主要服务于0~6岁的学前儿童。社区学前教育的独特之处在于其综合性的资源整合,涵盖了幼儿教育工作者、父母、老人、幼儿园、儿童乐园、儿童图书馆等多方面。这种整合为孩子们提供了更为全面的学习和成长环境,使得社区学前教育在社区教育系统中占据着重要地位。这一地位的确立源于幼儿期与家庭联系密切,因此实施相对容易,能够更好地满足幼儿的学习和发展需求。特别是对于社区内的幼儿园教育而言,整合社区优势资源成为关键。这种整合可以更有效地促进幼儿的全面和谐发展,通过充分利用社区资源,为幼儿提供更广泛的学科内容和丰富的学习体验。

第一,社区学前教育的发展对于实现家、园共育具有重要意义。家庭是社区的基本单元,在幼儿教育中扮演着关键的角色。为了促进全方位的幼儿发展,幼儿园教育需要与家庭密切合作。这种紧密的家、园合作有助于形成一致的教育理念,促进双方之间的有效沟通,并充分利用家长的教育资源。通过家、园的紧密合作,可以更好地关注每个孩子的个性化需求,为其提供更加全面和有针对性的教育支持。

第二,社区学前教育的发展有助于丰富幼儿园的课程形式和内容。社区成员的职业优势为幼儿提供了多元的社会认知机会。通过与社区机构如亲子乐园、图书馆等紧密合作,可以拓展幼儿园的课程形式,使其更加多样化和富有趣味性。同时,利用社区资源,例如邀请社区的老人参与教育实践,可以促使文化融合成为教育的一部分。这种与社区紧密结合的教育模式不仅有助于丰富课程内容,也能够培养幼儿的社会责任感和团队协作精神。

第三,社区学前教育在促进幼小衔接方面扮演着至关重要的角色。首先,幼小衔接问题的突出表现为知识传授过早、教育方法不当以及家长观念陈旧。这一现象引发了对幼儿园、家庭和社区合作的迫切需求。为了摒弃这一不良现状,社区学前教育需要以儿童为中心,创造出有利于幼小衔接的教育环境。通过共同努力,社区可以有效解决幼小衔接问题,确保儿童在成长过程中不受负面影响。

第四,社区学前教育有助于推动社区的全面建设。教育与社区相互促进,共同实现共同发展。社区教育对于文化的发展、提高社区成员素质、促进社区管理、丰富社区活动都具有积极的影响。通过将教育与社区建设相结合,社区学前教育成为一个促使社会各层面进步的关键力量。社区成员的素质提高不仅有助于个体的发展,也为整个社区创造了更为宜居的环境。

第二节 高校学前教育专业与社区学前教育协同发展

随着经济的不断进步,人们的生活水平不断提升,对教育的重视程度也随之增加,而学前教育正成为社会关注的热点。然而,大多数民众存在对学前教育的错误认识,往往将其局限于专业幼托机构。实际上,学前教育并不仅仅包括幼儿园等专业机构,还应该涵盖幼儿家庭和社区教育。在这一背景下,社区学前教育的角色愈发凸显。社区学前教育不仅应与专业托幼机构保持密切的交流,更需与幼儿家庭和社区形成有机的结合,共同构建一个综合的教育体系。这种综合体系能够更全面地满足不同层次、不同需求的幼儿教育需求,促使学前教育更加全面、平衡地发展。随着社区学前教育的普及,社会对人才的需求也在逐步提高。为了培养更多的优秀人才,高校需要与社区学前教育进行有效结合。社区学前教育为高校提供了宝贵的教学科研资料和学生实习岗位,这不仅能促进高校教育专业的质量提升,还为学生提供了更丰富的实践机会。地方高校在这一进程中扮演着关键的角色,应当大力支持社区学前教育的发展,特别是在教学资源和师资力量方面进行投入。只有通过地方高校与社区学前教育的协同发展,才能真正实现学前教育事业的全面提升。这种协同发展不仅对地方高校的学前教育专业有着积极的推动作用,更对国家教育事业的全面发展具有至关重要的意义。因此,地方高校应当加强与社区学前教育的合作,共同致力于推动国家教育事业朝着更加全面、均衡的方向迈进。

一、高校学前教育专业与社区学前教育协同发展的意义

第一,在中国,经济的快速发展带来了深刻的变革,然而,国内的整体素质水平相对较低,这一差距与不平衡的地区经济发展有关,导致人口素质有明显差异。为提升人口素质,有必要采取优生、优育和优教的综合措施,而社区学前教育正是其中一项行之有效的手段。在当前高校教育中,学前教育和社区教育独立发展,这给社区学前教育带来了一系列挑战。尽管存在问题,但通过协同发展高校学前教育和社区学前教育,有望找到更加全面、有效的解决途径。

第二,随着高校扩招的迅猛发展,高等教育机构需要在办学模式上寻找具有特色的路径,而学前教育专业可以通过服务社区学前教育来塑造自身的特色。为了实现这一目标,高校应打破办学的封闭性,积极与地方结合,使学前教育专业向更开放、更应用型的方向发展。此外,高校与社区的深度合作也是关键,提供学生科研和实习机会,培养实践能力和就业技能。通过学生深入服务社区,及时反映学前教育的现状,高校可以更好地提出解决方案,培养符合社会需求的专业人才,推动学前教育专业的持续发展。

二、高校学前教育专业与社区学前教育协同发展的挑战

管理与认知错位对地方高校与社区学前教育产生了深远的影响。这两者因隶属不同组织而导致监管缺位,阻碍了它们之间的协同发展。尽管协同发展对高校和社区都有裨益,但一些地方政府未能充分认识其重要性,未予以足够重视,造成了合作的滞后。政府支持是推动高校与社区合作的关键因素,缺乏支持将直接影响改革信心。这方面存在一个关键问题,即双方虽然互动频繁,但在切入点上存在差异,特别是对社区其他成员的优生、优育与优教知识的普及忽视较为严重。

互动交流平台和长效机制的缺失是导致协作困难的主要原因。社区应该为民众提供服务、活动和教育平台,然而,由于部分地方政府未建立互动合作发展平台,妨碍了高校为社区提供学前教育服务的有效实施。

整体而言,缺少互动交流平台和长效机制使高校与社区协同合作受到了严重

影响。要解决这一问题，需要加强地方政府对协同发展的认识，提高对合作的重视，并建立健全的互动交流平台和长效机制，以促进高校与社区在学前教育领域的有机合作，实现共赢发展。

三、高校学前教育专业与社区学前教育协同发展的途径

第一，在思想观念转变与政府角色方面，政府被视为社区学前教育推动的关键纽带，其关键作用体现在优惠政策的制定与执行上，这对社区学前教育的推动作用显著。政府应当在领导层面引导并推动观念的变革，促使社会更加重视学前教育。在这一过程中，政府的角色不仅仅是政策制定者，更是引领者，通过制定激励政策，鼓励社区高校与学前教育机构协同发展。地方高校学前教育专业与社区学前教育需要建立有效的互动机制，政府可以通过提供优惠政策促进这种互动，有助于构建学习型社会，实现社区学前教育的可持续发展。

第二，关于特色课程开发与社区需求，社区教育的特色课程设计应注重本土文化的传承。这不仅有助于拉近社区居民与学前教育的距离，还对地方经济和本土人才的成长具有重要作用。差异化师资培训也是关键一环，需要根据居民与机构师资的不同认知，灵活普及相关知识，确保居民不感受过大的压力。同时，对于幼托教育机构的师资培训，需注重系统性、周期性的控制，以确保各层次居民能够有效地接受社区学前教育。最后，地方高校学前教育专业应当根据社区需求设计课程，而社区教育机构在教材选择上则应结合地方需求，开发校本教材，以推动专业与社区的协同发展。这样的地方需求导向，有助于社区学前教育更好地满足当地的实际需求，推动社区学前教育走向更加科学和可持续的方向。

第三，实现资源共享是地方高校学前教育专业与社区学前教育协同发展的关键。资源共享对二者发展有重要影响，促进互动发展。为了实现有效的合作，高校和社区需要共同努力整合人力资源，建立专业服务团队，为社区提供系统科学的学前教育服务。在这一合作框架中，社区应设专门团队负责与高校沟通，将实际需求及时反馈到高校人才培养方案中，以确保培养出符合社会需求的学前教育人才。

总而言之，地方高校学前教育专业与社区学前教育的协同发展被认为是未来教育的趋势，也是整合教育资源、提升地方教育质量与效果的基本途径。在协同发展的过程中，需要明确面临的问题，并积极探寻发展途径，以实现既定的预期目标。

第三节 高校学前教育专业与社区互动的策略选择

高校培养的人才将成为未来社会发展的重要动力，因此对高校学前教育的教师要求较高，其知识水平和职业素质将能够对我国学前教育水平产生直接影响。但是，由于目前我国处于学前教育阶段的学生数量众多，学校能够提供的实践机会较少，因此，与社区之间的互动成为学生进行实习的重要平台。

第一，学前教育专业与社区互动的成功关键在于加强双方对这一合作的意识转变。为促使学前教育专业学生与社区更深入互动，可通过举办专题讲座和派遣专业学生到社区进行实地互动，使双方深刻认识互动的好处和意义。在校内宣传中，学校可以推广先进的互动经验，以提高全校师生对学前教育专业与社区互动的认知和重视程度。同时，社区方面也需主动了解学前教育专业的特点，积极参与并展开与专业相关的互动活动，从而构建起一种积极互动的关系。

第二，为确保学前教育专业与社区互动的持续健康发展，需要建立健全的互动模式。学校在这一过程中应主动展示学生在社区互动中的特色优势和表现，以便社区充分了解学生的基本情况和水平。同时，学校和社区应加强互动交流，共同设计有针对性的互动活动，形成长期高效的互动模式。为解决可能存在的学校内部局限和观念意识问题，学校还需着手内部沟通机制的完善，以确保学前教育专业与社区间的沟通顺畅，形成一个有机、协同的互动模式。通过这些措施，将促进学前教育专业与社区的深度合作，为双方带来更为丰富的教育资源和经验。

第三，在评估学校教学质量时，不仅仅要以学生的就业率为唯一标准，更需考虑学校及其学生为社会所作出的贡献。为了增强学前教育专业与社区的互动，社会应当提供更多的资金支持。这包括加强对学前教育专业的资金和政策支持，以确保该专业在社会中扮演更为积极的角色。学校可以设立专项资金，用以支持学前教育专业与社区的互动活动，提升这些活动的效果。

综上所述，高校学前教育专业是整个教育体系的不可或缺的组成部分，承担着培养学前儿童的责任。为了更好地履行这一责任，学校应当对学前教育专业的学生提出更严格的要求，提供更多的社会实践机会，并加强与社区的互动与交流。此外，社会应在财政方面提供充足的资金支持，以确保高校学前教育专业能够更完善、高效地与社区互动。只有通过这样的方式，学前教育专业才能更好地满足社会的需求，为学前儿童的培养提供更优质的教育。

第四节 高校学前教育专业与社区合作及学生能力培养路径

在我国,学前教育专业一直以来都是教育领域的重要组成部分。随着社会的发展,人们对学前教育的需求不断增长,高校学前教育专业人才培养也愈发受到关注。然而,传统的学前教育专业人才培养模式已无法满足当前社会对学前教育人才的需求。为了提高学前教育专业学生的综合能力,高校需与社区开展深度合作,共同探索学生能力培养的新路径。

一、高校学前教育专业与社区合作的重要性

第一,有利于资源整合。高校与社区合作,可以实现双方优势互补,整合教育资源,提高教育质量。这种模式使教育资源得到更加高效的利用,一方面,高校可以充分利用自身的优质师资、教学设施等资源,为社区提供高水平的教育服务;另一方面,社区也可以借助高校的力量,提升居民的教育水平和素质。这种互利共赢的合作模式,有助于优化教育资源配置,提高教育效益。

第二,有利于学生实践能力的提升。学生在社区实践活动中,可以将理论知识与实际操作相结合,提高实践能力。高校与社区合作,为学生提供了广阔的实践平台,使他们能够将所学知识应用于实际工作中,增强解决实际问题的能力。此外,这种实践活动还有助于培养学生们的团队合作精神和社会交往能力,为他们未来的职业生涯奠定坚实基础。

第三,有利于学生社会责任感的培养。通过参与社区服务工作,学生可以更好地了解社会需求,增强社会责任感。在社区服务过程中,学生们不仅能够亲身体验社会工作的艰辛,还能够感受到帮助他人带来的成就感,从而激发他们的社会责任感。这种责任感将引导他们在今后的工作和生活中,更加关注社会问题,积极参与社会公益事业。

第四,有利于学前教育专业发展的与时俱进:高校与社区合作,可以使学前教育专业及时了解行业发展动态,调整人才培养方案。随着社会经济的发展和人们对教育需求的不断提高,学前教育专业需要不断更新教育观念,改进教学方法,以适应市场需求。与社区合作,可以使高校更加了解行业动态,及时调整课程设置和教学内容,培养具备时代特征的学前教育人才。

二、高校学前教育专业与社区合作的学生能力培养路径

第一,建立健全合作机制。高校与社区之间的合作对于提升学前教育专业学

生的实践能力具有重要意义。为了确保合作的顺利进行,双方应当签订长期有效的合作协议,明确各自的职责和义务。此举有助于将高校的理论教学与社区的实践经验相结合,为学生提供更丰富的学习资源。高校与社区的合作应涵盖课程设置、实践活动、师资培训等多个方面,共同为学生的成长创造良好条件。

第二,构建实践教学体系。将社区实践纳入学前教育专业教学计划是提高学生实践能力的关键步骤。高校应在课程设计中充分考虑社区实践环节,确保学生在理论学习的基础上,有充足的机会在实际工作中锻炼自己的专业技能。此外,高校还应加强与社区的沟通,及时了解社区需求,调整实践教学内容,使之更具针对性。

第三,加强师资队伍建设。优质的师资力量是提高学生实践能力的重要保障。高校应积极引进社区优秀教育工作者,与他们共同承担教学任务,为学生提供更多实践机会。同时,高校还应组织定期的师资培训活动,提高教师队伍的整体素质,为学生的专业成长奠定坚实基础。

第四,创设多元化实践平台。高校与社区共同搭建的实践平台有助于学生全面提高实践能力。双方可合作开展亲子活动、教育培训等项目,让学生在实际工作中锻炼自己的专业技能。此外,高校还应鼓励学生参与社区的其他活动,如敬老院探访、公益活动等,培养学生的社会责任感和团队协作精神。

第五,实施学生评价制度改革。将学生在社区的实践表现纳入评价体系是激励学生积极参与社区工作的重要手段。高校应调整评价标准,重视学生在社区的实际表现,使之成为学生评价的重要组成部分。此举将有助于激发学生积极参与社区工作的积极性,提高他们的实践能力。

第六,加强课程体系建设。课程体系是培养学生专业素养的重要载体。高校应结合社区需求,调整课程设置,注重培养学生的基本功和实践能力。此外,高校还应加强与社区的交流合作,及时了解行业动态,为学生提供更具时代特色的专业课程。

总而言之,高校与社区的合作是提高学前教育专业学生实践能力的关键。通过建立健全合作机制、构建实践教学体系、加强师资队伍建设、创设多元化实践平台、实施学生评价制度改革以及加强课程体系建设等措施,有望为学生提供更加丰富的实践机会,培养出更多具备较强专业素养的学前教育专业人才。

图书在版编目（CIP）数据

“UKC 联盟”下高校学前教育专业学生的能力培养路径 / 罗英，史涛丽著. -- 湘潭 : 湘潭大学出版社，2024.3

ISBN 978-7-5687-1404-4

Ⅰ. ①U… Ⅱ. ①罗… ②史… Ⅲ. ①高等学校－学前教育－能力培养－研究 Ⅳ. ①G61

中国国家版本馆 CIP 数据核字 (2024) 第 051700 号

“UKC 联盟”下高校学前教育专业学生的能力培养路径

“UKC LIANMENG” XIA GAOXIAO XUEQIAN JIAOYU

ZHUANYE XUESHENG DE NENGLI PEIYANG LUJING

罗英 史涛丽 著

责任编辑：刘文情
封面设计：张　波
出版发行：湘潭大学出版社
社　　址：湖南省湘潭大学工程训练大楼
电　　话：0731-58298960 0731-58298966（传真）
邮　　编：411105
网　　址：http://press.xtu.edu.cn/
印　　刷：长沙超峰印刷有限公司
经　　销：湖南省新华书店
开　　本：710 mm×1000 mm 1/16
印　　张：10.75
字　　数：202 千字
版　　次：2024 年 3 月第 1 版
印　　次：2024 年 3 月第 1 次印刷
书　　号：ISBN 978-7-5687-1404-4
定　　价：60.00 元